blue notes
100

»Es wäre fatal, einfach ein Mann oder eine Frau zu sein. Es wäre besser, Frau-männlich und Mann-weiblich zu sein«, schreibt Virginia Woolf 1929 in ihrem Essay *Ein eigenes Zimmer*. Kaum ein Jahr zuvor ist ihr Roman *Orlando* erschienen, in dem sie virtuos mit den Geschlechterrollen spielt, gewidmet ihrer Geliebten Vita Sackville-West – der betörenden Verkörperung des Wesens namens »Frau-männlich«.

Virginia Woolf und Vita Sackville-West lernten sich am 14. Dezember 1922 auf einer Dinner-Party in Bloomsbury kennen, es war der Beginn einer legendären Liebes- und Arbeitsbeziehung. Vita, sogleich von Virginias Esprit und der Eleganz ihrer Sprache fasziniert, gelang es dank ihrer erotischen Ausstrahlung und Lebenslust in kürzester Zeit, die zehn Jahre ältere Virginia für sich zu gewinnen. Zudem war Virginia fasziniert von Vitas märchenhaft anmutender Ahnengeschichte, die sie schließlich zu ihrem Meisterwerk *Orlando* inspirierte, dem wohl längsten Liebesbrief der Literaturgeschichte. Ein facettenreiches Porträt der beiden Schriftstellerinnen und ihrer langjährigen Beziehung vor dem Hintergrund des berühmten Klassikers.

Alexandra Lavizzari, geboren in Basel, studierte Ethnologie und Islamwissenschaft. Nach langjährigen Aufenthalten in Nepal, Pakistan, Thailand und Rom lebt sie seit 1999 in England. Sie schreibt für Schweizer Zeitungen und ist Autorin von zahlreichen belletristischen, kunstgeschichtlichen und literaturkritischen Werken. Für ihr Schaffen wurde sie mehrfach ausgezeichnet.

Alexandra Lavizzari

Vita & Virginia

ebersbach & simon

Inhalt

Virginia und Vita mit ihren Cocker Spaniels Pinker und Pippin

Einleitung

Wer Virginia Woolf zum längsten Liebesbrief der Weltliteratur inspiriert hat, ist nie ein Geheimnis gewesen. *Orlando*, so wollte es die Autorin, sollte als Biografie gelesen werden und nicht als Roman, und damit auch ja kein Zweifel an der Identität des Titelhelden beziehungsweise der Titelheldin aufkommen konnte, fügte sie dem Werk acht Fotografien bei, von denen drei die geliebte Freundin in Kostümen aus verschiedenen Epochen zeigen. Den letzten Zweifel beseitigte die Widmung: Für Vita Sackville-West.

Somit wusste jeder, der das Buch zur Hand nahm, dass hinter *Orlando* jene skandalumwitterte Aristokratin und Diplomatengattin steckte, die selbst erfolgreiche Bücher schrieb, aber berühmter noch dafür war, dass sie nicht nur Männern, sondern auch Frauen den Kopf verdrehte. War Woolf eines ihrer Opfer? *Orlando* schien darauf hinzuweisen, aber wer darin handfeste Beweise suchte, fand sich stattdessen von märchenhaften Szenen und Bildern überwältigt, in denen die Grenzen zwischen Wahrheit und Fiktion kunstvoll verschwimmen. Dank der parodistischen Verfremdungseffekte und virtuosen Kunstgriffe, durch die sich Woolf an ihre Figur heranfabuliert, ragt diese Biografie weit über das bloße Porträt von Vita und ein Liebesbekenntnis an sie hinaus, ja betritt als Genre geradezu literarisches Neuland. Ohne Übertreibung kann *Orlando* sogar als der erste LGBT-Roman überhaupt betrachtet werden, ein Werk, in dem die heute so moderne *gender fluidity* nicht nur ausgelotet, sondern als erfüllende Existenzform gefeiert wird.

Halb spaßig, halb ernst und voll von großen aufsehenerregenden Übertreibungen sollte das Buch werden, notierte Virginia zu Beginn der Niederschrift in ihr Tagebuch. Sie wusste zu diesem Zeitpunkt allerdings noch nicht genau, wohin dieser Balanceakt zwischen Posse und Ernst sie führen würde, und noch weniger, wie die Leserschaft, die von Mrs. Woolf melancholische Themen und eher schwierige Prosa erwartete, auf ihre kaum verschleierte Liebeserklärung an eine Frau reagieren würde. Für Vita selbst war das Projekt vorerst nur ein aufregendes Spiel, das ihrem Ego schmeichelte. Neugierig verfolgte sie die Entstehung ihrer ›Biografie‹ und sonnte sich bereits in der Vorfreude auf den Skandal, den die Publikation auslösen würde.

Vita täuschte sich; *Orlando – Eine Biografie* schlug tatsächlich Wellen, als es am 11. Oktober 1928 erschien, und machte Virginia über Nacht weit über ihren Kreis hinaus berühmt, aber der Skandal blieb aus. Das Buch wurde zum Bestseller und brachte der Autorin statt Ärger mit den Behörden die lang ersehnte finanzielle Unabhängigkeit. Rund 8.000 Exemplare in England und 13.000 in Amerika verkauften sich in den ersten sechs Monaten, ein Erfolg, den der *Daily Chronicle* in einem inzwischen viel zitierten Satz auf den Punkt brachte: »In Bloomsbury ist das Buch ein

Witz, in Mayfair eine Notwendigkeit und in Amerika ein Klassiker.«

Außer Vitas Mutter, Lady Sackville, nahm niemand an *Orlando* Anstoß, und dies mag erstaunen, wenn man bedenkt, dass wenige Monate zuvor ein Roman über eine lesbische Liebesbeziehung erschienen war, der die Gemüter bis in die höchsten politischen Sphären erhitzt hatte. *Quell der Einsamkeit* bescherte der Autorin Radclyffe Hall sogar einen Prozess wegen Obszönität, nachdem der Herausgeber des *Sunday Express* James Douglas in einer öffentlichen Kampagne für die Vernichtung des Buches plädiert hatte. Worüber sich der christliche Douglas so heftig ereiferte, war die Erwähnung eines Liebeskusses zwischen den beiden Heldinnen und die diskrete Andeutung einer gemeinsam verbrachten Nacht. Pervers und dekadent nannte er diese Art der Literatur und warnte vor den Konsequenzen, sollte *Quell der Einsamkeit* je in die Hände junger unschuldiger Menschen fallen. Douglas' Kreuzzug weitete sich im Laufe der Wochen zu einer öffentlichen Debatte über Beurteilungskriterien literarischer Werke und die Legitimierung der Buchzensur aus. Namhafte Autoren beteiligten sich daran und erklärten sich bereit, am 9. November 1928 vor Gericht als Zeugen aufzutreten und eine gemeinsame Front gegen die Buchzensur zu bilden. Unter ihnen befanden sich auch Vita und Virginia. Die Schriftsteller wurden jedoch vom Obersten Gericht mit dem Argument zurückgewiesen, dass sie keine Experten in Sachen Obszönität seien, sondern nur in Sachen Kunst. Radclyffe Hall verlor ihren Prozess und *Quell der Einsamkeit* wurde, zumindest in England, eingestampft.

Die Zeiten waren offensichtlich nicht reif für Literatur, die gängige Geschlechterrollen infrage stellte. Wie also kam es, dass *Orlando* durch die Maschen der Zensur schlüpfte? Und nicht nur *Orlando*, sondern auch der Roman *Extraordinary Women* des Schotten Compton Mackenzie kam ungeschoren davon, der, im selben Jahr veröffentlicht, die Lieben und Tändeleien einer Schar lesbischer Frauen aufs Korn nimmt. Das unterschiedliche Schicksal dieser drei Bücher lässt sich wohl am besten mit der Art und Weise erklären, in der die jeweiligen Autoren das Thema der Homosexualität und des *gender shift* angegangen sind. Radclyffe Hall wollte ihren Roman als ein Plädoyer für Respekt und Gleichberechtigung lesbischer Frauen in der Gesellschaft verstanden wissen. »Gib auch uns das Recht auf unsere Existenz!«, lässt sie die verzweifelte Stephen Gordon am Schluss des Romans ausrufen. Die Worte sind zwar Gott zugedacht, aber als offen lesbische Autorin machte Radclyffe Hall kein Hehl daraus, dass sie ihrer Heldin diesen Satz in den Mund legte, um die Gesellschaft, ja, die ganze Welt wachzurütteln. Der Roman ist gespickt mit ähnlichen eindeutigen Botschaften, die den Text bei aller Ehrlichkeit des Anliegens in ein etwas schwerfälliges theoretisches Konstrukt rund um die lesbische Causa verwandeln. Somit bedurfte es keiner besonderen literarischen Bildung, um den subversiven Charakter des Romans zu erkennen, und James Douglas hatte entsprechend leichtes Spiel, das Gericht von dessen Gefährlichkeit zu überzeugen.

Mackenzie seinerseits erledigte die Arbeit der Sittenhüter gleich selbst. Der in *Extraordinary Women* beschriebene Liebesreigen auf der fiktiven Insel Sirene ist im besten Fall amüsant, aber auch so sehr an den Haaren herbeigezogen, dass die Leser die lesbischen Irrungen und Wirrungen nie ganz ernst nehmen können. Vor allem aber spielen sich diese auf einer so weit von England entfernten Insel ab und die Frauen tragen derart lächerlich exotische Namen, dass sich niemand in London direkt angesprochen zu fühlen brauchte und das Establishment einfach nur warten musste, bis sich die Wellen von selbst legten. Es hatte nicht lange zu warten, die abstrusen Liebesreigen gerieten ziemlich schnell in Vergessenheit.

Der Vergleich von *Quell der Einsamkeit* und *Extraordinary Women* mit *Orlando* muss sich indessen auf die Umstände des damaligen Gesellschaftsklimas beschränken. *Orlando* sticht in diesem Romantrio sowohl durch sprachliche Eleganz als auch durch künstlerische Raffinesse heraus und hat denn auch die Prüfung der Zeit unvermindert frisch überstanden. Statt wie Radclyffe Halls *Quell der Einsamkeit* eine eindimensionale, auf Anhieb erkennbare Botschaft an die Leser heranzutragen, ist *Orlando* als sattes Gewebe verschiedenstartiger Themen angelegt, in dem die Frage der geschlechtlichen Identität überall und aus immer neuen Blickwinkeln aufleuchtet, ohne sich je zum angreifbaren Manifest zu erhärten. Kein Wunder also, dass die Zensoren *Orlando* durchgehen ließen. Sie sahen Verrücktheit, nicht Subversion in einem Text, in dem der Hauptfigur, einem elisabethanischen Edelmann und Poeten, vierhundert Lebensjahre und eine Geschlechtsumwandlung beschert sind, und merkten gar nicht, dass diese schillernde, unmögliche Biografie in Wirklichkeit die bislang leidenschaftlichste Infragestellung des binären Geschlechtermodells beinhaltete.

»Es wäre fatal, einfach ein Mann oder eine Frau zu sein. Es wäre besser, Frau-männlich und Mann-weiblich zu sein«, schreibt Virginia in ihrem Essay *Ein eigenes Zimmer*, der kaum ein Jahr nach *Orlando* erschien. Sie bezieht sich darin auf den Prozess des Schreibens und argumentiert überzeugend gegen eine geschlechtsspezifische Kreativität. Seit Vita in ihr Leben getreten war, konnte sie diese Frage jedoch nicht mehr nur theoretisch beschäftigen. Vita lebte vor, was Virginia verfocht; sie war in ihren Augen die betörende Verkörperung dieses Wesens namens Frau-männlich und als solche eine Offenbarung ihrer eigenen, intimsten Persönlichkeit. Wie hätte sie ihr widerstehen können?

Die Frage ist nicht einmal rhetorisch. Als sich die beiden Frauen kennenlernten, schien, zumindest von Virginias Seite, nichts auf die emotionalen Stürme hinzuweisen, die sie Jahre später zu ihrem Meisterwerk *Orlando* inspirieren sollten.

Annäherung und literarische Zusammenarbeit

Dank Virginias Tagebuch kennen wir Datum und Ort ihrer ersten Begegnung mit Vita. Es war der Abend des 14. Dezember 1922. Beide Frauen folgten an jenem Donnerstag der Einladung zu einer Dinner-Party in Bloomsbury, die Virginias Schwager Clive Bell eigens eingefädelt hatte, um sie miteinander bekannt zu machen.

Die Party hätte schon im November stattfinden sollen, doch Vita hatte sie hinausgeschoben, weil sie gerade Dringenderes zu tun hatte, als für ein Abendessen von Kent nach London zu fahren. Sie hatte sich vorgenommen, während der Abwesenheit ihres Diplomatengatten – Harold Nicolson nahm in Lausanne an der mehrmonatigen Friedenskonferenz über die Türkei und die Kurdenfrage teil – Garten und Hecken auf ihrem Anwesen für den Winter auf Vordermann zu bringen. Es scheint also, dass die Gartenarbeit für sie Vorrang hatte vor dem Treffen mit einer Schriftstellerin, deren soeben erschienenen Roman *Jacobs Zimmer* sie doch mit größter Begeisterung zu lesen begonnen hatte. Der Grund für diese Zurückhaltung könnte in den Gerüchten liegen, die damals in London über Virginias Geisteszustand zirkulierten. Diese Gerüchte berechtigten Harold jedenfalls, nach dem Dinner aus der Ferne zu fragen, ob Virginia denn sehr verrückt ausgesehen habe. Es mag etwas Voyeuristisches in dieser Frage liegen, und vor allem enthält sie eine quasi kumpelhafte Einladung an Vita, sich mit ihm über die verrückte Mrs. Woolf lustig zu machen. Dahinter steckte aber doch eher die Furcht, Vita könnte nach ihrer nicht gänzlich überwundenen Affäre mit der Jugendfreundin Violet Trefusis ihr Herz von Neuem an eine Frau verlieren. Einfühlsam wie Harold war, wusste er noch bevor Vita es selbst merkte, welche Frauen ihre Ehe gefährden konnten, und Virginia, deren seltene Mischung von emotionaler Verletzlichkeit und intellektuellem Scharfsinn stadtbekannt war, erfüllte genug Kriterien, um ihn das Schlimmste befürchten zu lassen.

Wie der Abend verlief, ist nicht überliefert, aber immerhin hat Virginia ihre Eindrücke von Vita anderentags im Tagebuch festgehalten, und diese sind auf den ersten Blick wenig schmeichelhaft:

»Mein Kopf ist zu vernebelt, um durchzublicken. Dies ist zum Teil auf das Dinner mit der anmutigen begabten aristokratischen Vita Sackville-West gestern Abend bei Clive zurückzuführen. Nicht so sehr nach meinem strengeren Geschmack – glühend rot, schnurrbärtig, papageienbunt, mit all der Geschmeidigkeit der Aristokratie, doch ohne den Geist der Künstlerin.«

Vita ihrerseits muss von Virginia angetan gewesen sein, denn sie lud sie ein paar Tage später zum Essen in ihr vornehmes Londoner Haus ein. Dort stellte sie mit Genugtuung fest, dass Virginia zwar

»Ich bin wirklich sehr beschäftigt, & sehr glücklich, & möchte nur sagen, Zeit, steh hier still …«
Virginia Woolf mit Lytton Strachey, 1923

einen fürchterlichen Kleidergeschmack habe, diesmal aber zu ihren Pumps immerhin nicht orangefarbene Wollstrümpfe trug, sondern gelbe aus Seide. Solche Details konnten der mode- und standesbewussten Vita nicht entgehen, und gewöhnlich folgte ihrem kritischen Blick auch gleich ein vernichtendes Urteil. Nicht so in Virginias Fall. Vita blickte über Virginias Mangel an modischem Flair hinweg und entdeckte an ihr stattdessen eine geistige Schönheit, die sie im Laufe des Abends vollkommen für sie einnahm. Sie bewunderte ihre stille Zurückhaltung und die Eleganz ihrer Sprache und fand sie am Schluss so charmant und faszinierend, dass sie Harold beichtete, ihr Herz gänzlich verloren zu haben.

In der Chronik ihrer Freundschaft und Liebe fällt auf, wie unterschiedlich Vita und die zehn Jahre ältere Virginia vor allem diese erste Zeit der Annäherung erlebt und schriftlich festgehalten haben. Der Altersunterschied mag vielleicht ein Stück weit die fast ängstliche Vorsicht der Älteren und die beherzte Spontaneität der Jüngeren erklären, aber sicher spielten auch der gesellschaftliche Hintergrund und Charakter sowie die Lebenssituation der beiden Frauen zum Zeitpunkt ihrer schicksalshaften Begegnung eine Rolle.

Virginia war mit ihren vierzig Jahren im Begriff, sich in England einen Platz als etablierte Schriftstellerin zu erobern. Neben ihrer Tätigkeit als Lektorin und Schriftsetzerin für die *Hogarth Press*, die sie seit 1917 gemeinsam mit ihrem Mann Leonard betrieb, hatte sie drei Romane, einen Erzählband sowie unzählige Buchrezensionen und Essays veröffentlicht. Und sie schrieb bereits an ihrem vierten Roman *Mrs. Dalloway*. Gewiss, die Literatur war ihr geistiges Zuhause, ihr Elfenbeinturm sozusagen, in den sie sich in Momenten stets lauernder psychischer Zusammenbrüche zurückziehen konnte. Aber Virginia lebte in dieser Zeit auch ganz andere Seiten ihrer Persönlichkeit aus, die das klischierte Bild vom entrückten, vergeistigten Genie erweitern. Sie gab Vorträge, handelte Lizenzen für die Autoren der *Hogarth Press* aus, schlichtete Streitigkeiten unter ihren Verlagsangestellten, und vor allem ging sie als gefragte und mittlerweile fast schon berühmte Autorin vermehrt auf Dinner-Partys. »Ich bin wirklich sehr beschäftigt, & sehr glücklich, & möchte nur sagen, Zeit, steh hier still ...« konnte sie einen Monat vor ihrer Begegnung mit Vita in ihr Tagebuch schreiben. Diese Euphorie schlug nach dem Treffen jedoch in eine melancholische Einsicht um: Die Zeit war nicht stillgestanden, und sie selbst befand sich jetzt in mittleren Jahren, eine ältere Dame, die vielleicht ihrer Bücher wegen bewundert wurde, aber als Frau jegliche Anziehungskraft verloren hatte und das Mutterglück nie kennen würde. Es verwundert also nicht, dass sie sich von der Aufmerksamkeit der zehn Jahre jüngeren Vita geehrt fühlte. Vita hatte so vieles, was ihr fehlte: Kinder, Jugend, erotische Ausstrahlung, Leidenschaft und Lebensgier, Leichtigkeit des Schreibens, ganz zu schweigen von ihrem sagenhaften Reichtum und exotischen Familienhintergrund. Vor allem Letzterer gab Virginia Anlass zu regelrechten

Vita Sackville-West, ihr Vater Lionel mit Vitas Söhnen Benedict und Nigel und Vitas Mutter Victoria

Höhenflügen der Fantasie, kaum hielt sie, zu Beginn des Jahres 1923, Vitas bebildertes Buch über das Geschlecht der Sackvilles in Händen, das diese kurz zuvor veröffentlicht hatte. Nichts genieße sie mehr als Familiengeschichten, versicherte sie Vita in ihrem Dankesschreiben. Es waren keine leeren Worte. Virginia hatte schon von Jugendjahren an Interesse für Persönlichkeiten der englischen Geschichte entwickelt und sich Gedanken gemacht über die Zeitläufte mit ihren langsamen, sich immer neu konfigurierenden sozialen und kulturellen Moden. Vitas Familie, die sich bis in die Zeit Wilhelm des Eroberers im 11. Jahrhundert zurückverfolgen lässt, faszinierte Virginia umso mehr, als sie nun in ihrer neuen Bekannten eine gegenwärtige Verkörperung vergangener Generationen von Sackvilles erkennen konnte. Die lebende Vita bestätigte ihr, dass die Vergangenheit ihre Fühler in die Gegenwart streckt und die Zeit – eines von Virginias großen literarischen Themen – nicht in einer Weise vorwärtsfließt, die das Einst vom Jetzt trennt.

Diese Einsicht kam nicht über Nacht, aber Vitas Ahnengeschichte *Knole and the Sackvilles*, dessen Lektüre Virginia so viel Freude bereitete, verlieh ihr ein konkretes räumliches und zeitliches Gerüst, an dem sie, einstweilen noch unbewusst, eine neue Romanidee festknüpfen konnte. In diesem Sinn kann man den ersten Funken, der Jahre später zum literarischen Feuerwerk *Orlando* anwachsen wird, auf den Moment im Januar 1923 festlegen, in dem Virginia Vitas Buch aufschlug.

Vita erkannte dies ebenfalls, denn sie erinnerte sich dreißig Jahre später: »Ich glaube, dass aus den kürzlich veröffentlichten Auszügen aus Virginia Woolfs Tagebüchern ziemlich klar hervorgeht, dass die Idee zu ihrem Roman *Orlando* letztlich durch ihre eigene sonderbare Vorstellung von mir, meiner Familie und Knole, meinem Familiensitz ausgelöst wurde. (Dinge wie alte Familien und große Häuser übten eine Art proustsche Faszination auf sie aus.)«

Die Geschichte der Sackvilles unterschied sich von jener anderer adeliger Geschlechter für Virginia in eben dieser erlebbaren Kontinuität, die Vita ihr ermöglichte. Vita war, wie sie leibte und lebte, ein Symbol des Zeitlosen, in wechselnder Form schon immer Dagewesenen. In ihr floss das Blut aller Sackvilles gleichzeitig, das Blut eines Thomas Sackville zum Beispiel, der Mary Stuart im fernen 1586 den Hinrichtungsbefehl überreicht hatte; aber auch das Blut von Vitas Großvater Lionel, dessen Diplomatenkarriere in Washington 1888 ein abruptes Ende genommen hatte, als er sich unvorsichtigerweise über die bevorstehende Präsidentschaftswahl äußerte. Alle diese Gestalten der Vergangenheit vereinte Vita in sich in einer quasi mystischen Zeitlosigkeit, was ihr in Virginias Augen einen besonderen Nimbus romantischer Leidenschaftlichkeit verlieh. Es sollte nicht lange dauern, bis Vita sie zu einem Besuch auf dem Adelssitz der Sackvilles einlud, aber vorerst musste sich Virginia damit begnügen, Knole und die Sackvilles auf dem Umweg über Vitas Buch kennenzulernen.

Die Sackvilles, so las sie, erlangten ihren Ruhm und Reichtum im 16. Jahrhundert dank wichtiger Posten am Hof von Elisabeth I. Die Königin höchstpersönlich war es, die 1566 Sir Richard Sackville zum Dank für seine Dienste als Unterschatzkanzler den ehemaligen Bischofspalast Knole in Sevenoaks vermachte, in dem Vita mehr als dreihundert Jahre später als Einzelkind aufwuchs.

Mit seinen 365 Zimmern (eine neuere Zählung kommt sogar auf 400) und den 17 Hektar Parkland war Knole ein wahres Paradies für sie; es gab königliche Schlafzimmer zu erkunden, in denen seit Jahrhunderten niemand geschlafen hatte, das prunkvolle Zimmer des venezianischen Botschafters, den Dichtersalon, in dem Dryden, Pope und andere literarische Größen mit dem Hausherrn getafelt hatten, lauter Räume, durch welche die kleine Vita Führungen für adelige Besucher organisierte, als wäre sie selbst die Eigentümerin. Diese wäre sie noch so gern geworden. Eine Erbschaftsklausel, wonach nur männliche Nachkommen ein Recht auf das Anwesen erheben konnten, zerschlug jedoch ihren Traum, Knole eines Tages zu erben. Der Sitz würde beim Tod ihres Vaters an den Vetter Lionel übergehen, und so verließ sie Knole im Jahre 1913, als sie, einundzwanzigjährig, den angehenden Diplomaten Harold Nicolson heiratete. Schmerz und Wut, wegen ihres Geschlechts aus dem Paradies ihrer Kindheit vertrieben worden zu sein, beseelten sie ein Leben lang. Das Buch *Knole and the Sackvilles* war ihre erste Reaktion auf den Verlust, und die liebevolle Restaurierung vernachlässigter Anwesen, zuerst Long Barn und später das schlossähnliche Sissinghurst, können als weitere Bemühungen Vitas gedeutet werden, für sich und ihre Familie ein neues Knole zu erschaffen.

Die Ahnengeschichte war nicht Vitas erste Publikation, bei Weitem nicht. Vita hatte schon als Kind allerlei Geschichten, Gedichte und Dramen geschrieben und, nach zwei im Eigenverlag veröffentlichten Arbeiten, 1917 einen ersten Gedichtband, *Poems of West and East*, in einem Londoner Verlag herausgegeben.

Virginia beneidete sie einerseits um ihre Leichtigkeit des Schreibens, sah darin aber andererseits auch die Gefahr einer gewissen Oberflächlichkeit. Kaum war *Knole and the Sackvilles* in den Buchhandlungen erhältlich, lag auch schon Vitas Roman *Die Herausforderung* druckreif vor, der dann im folgenden Jahr zusammen mit einem neuen Roman und einer Erweiterung der Sackville-Geschichte herauskommen sollte. In diesem Rhythmus ging es über Jahrzehnte weiter, doch Vita genoss bereits zu Beginn ihrer Schriftstellerkarriere, kaum dreißigjährig und Mitglied des PEN-Clubs, das Ansehen einer großen Dichterin.

Neben dem Ansehen waren aber auch schon Gerüchte in Umlauf, die Vita in einem weniger günstigen Licht erscheinen ließen. Die ahnungslose Virginia musste erst durch die Malerin Ethel Sands auf die skandalöse Wahrheit gebracht werden, über die außer ihr bereits ganz London im Bild zu sein schien: Nicht nur sei Vita eine erwiesene Lesbe, erfuhr Virginia, sondern sie könnte auch schon ein Auge auf sie haben.

Ethel Sands hatte richtig gesehen. Vita, die zwar noch immer in eine stürmische außereheliche Beziehung verstrickt war, hatte Feuer gefangen. Sie schrieb Harold am 10. Januar 1923 nach Lausanne, dass sie Virginia mit kranker Leidenschaft liebe. In diesen Jahren war Leidenschaft ohnehin eine Art emotionaler Dauerzustand für sie, und sie schrieb dies ihrem Hang zu, gleichsam auf zwei Gleisen lieben zu müssen. Da war einerseits Harold, ihre lichte, reine und unveränderliche Liebe, die beste, wie sie gern betonte, und anderseits gab es immer wieder Liebschaften und Flirts, mehrheitlich mit Frauen, die sie wegen ihrer ›perversen Veranlagung‹ nicht umhin konnte anzuzetteln. Die Leidenschaft für Violet Trefusis, der Vita von 1918 bis 1921 hilflos verfallen war und die als einzige von ihren Liebschaften ihre Ehe mit Harold je ernsthaft in Gefahr brachte, loderte immer noch im Hintergrund, als Vita sich für Virginia zu interessieren begann. Kaum zwei Jahre zuvor war Vita noch bereit gewesen, Violet zuliebe ihr bürgerliches Leben mit Harold über Bord zu werfen. Verführerisch attraktiv und besitzergreifend, wusste Violet in ihren Briefen den richtigen Ton anzuschlagen, um Vita eine wilde Frauenehe in der europäischen Boheme schmackhaft zu machen, die frei von Konventionen und vor allem, wie sie meinte, ihrem wahren Wesen gemäß wäre: »Lebe ein volles Leben, liebe leidenschaftlich, lebe gefährlich. Lass uns, Du und ich, leben, wie niemand vor uns je gelebt hat.« Solchen Zeilen zu widerstehen ging über Vitas Willenskraft. Wären die beiden Ehemänner Harold Nicolson und

Denys Trefusis eines frühen Februarmorgens des Jahres 1920 nicht aufgebrochen und nach Amiens geflogen, um ihre Frauen zurückzufordern, wäre es Violet vielleicht gelungen, Vita aus ihrem Milieu herauszureißen. Harold, der selbst hin und wieder homosexuelle Liebschaften pflegte, hatte Vitas und Violets Urlaube in Cornwall, Griechenland, Monte Carlo und Paris über die Jahre ziemlich gelassen hingenommen, weil er zuversichtlich war, dass Vita irgendwann zu ihm zurückfinden würde. Es gab aber auch Momente, in denen er Vita seine Verzagtheit in Briefen spüren ließ und sogar so weit ging, Violet den Tod zu wünschen.

Vita ließ sich in Amiens schließlich überzeugen, sich von Violet zu trennen, und folgte Harold schweren Herzens nach Paris, während Violet mit Denys an die französische Riviera reiste. Sie war jedoch nicht sicher, die richtige Entscheidung getroffen zu haben, die Sehnsucht nach der Geliebten drohte jederzeit überhand zu nehmen. Um den Trennungsschmerz einigermaßen in Schach zu halten, stürzte sie sich dankbar in die Überarbeitung der Druckfahnen ihres zweiten Romans *Die Herausforderung*, die eben in Paris eingetroffen waren. Der Roman, der im März herauskommen sollte, erzählt die Geschichte von Julian, einem jungen Edelmann, und seiner Geliebten Eve vor dem Hintergrund einer Revolution in Griechenland. In beide Figuren hatte Vita Züge ihrer selbst und Violets hineingelegt, und die verzehrende Liebe des Paars spiegelte ungetarnt ihre eigene wider. Vita hatte den Roman auf dem Höhepunkt ihrer Affäre zu Papier gebracht, und es gibt nachweislich Passagen, an denen Violet selbst mitgeschrieben oder für die sie zumindest Ideen und Verbesserungsvorschläge beigesteuert hatte. Vitas Mutter, die nach deren Rückkehr in London die Fahnen las, erkannte die Figuren auf den ersten Blick und befürchtete einen Skandal. Weder Vita noch Violet kümmerte jedoch die Reaktion der Leute, im Gegenteil. Hieß der Roman nicht *Challenge* – Herausforderung an die veralteten gesellschaftlichen Konventionen? Für Violet, die in Südfrankreich zutiefst unglücklich an der Seite eines Mannes lebte, den sie nicht liebte, bedeutete die Veröffentlichung des Romans *Die Herausforderung* die Legitimierung ihrer Affäre mit Vita und somit eine Chance, diese für sich zurückzugewinnen. Vitas Mutter und Harold sahen die Dinge jedoch anders. Sie begannen auf Vita einzureden und wiesen sie auf die schreckliche Blamage hin, öffentlich als Lesbe entlarvt zu werden und damit Harolds Karriere in der Diplomatie aufs Spiel zu setzen. Vielleicht teilte die Mutter ihrer Tochter auch mit, was sie ihrem Tagebuch anvertraut hatte, nämlich, dass sie das Buch schlicht langweilig fand; »brillant langweilig« zwar, aber langweilig nichtsdestotrotz. Wie auch immer die Gespräche zwischen dem Ehepaar und ›Bonne Maman‹ verliefen, am Schluss gab Vita nach. *Die Herausforderung* wurde zu Violets großer Enttäuschung eingestampft und die Rechte für teures Geld zurückgekauft. In England kam das Buch erst 1973 heraus, als beide Frauen längst verstorben waren, aber in Amerika wurde das Buch 1923 gedruckt, allerdings ohne die

»Mein kostbarer Liebling, ich dachte heute über unser Verheiratetsein nach …«
Vita Sackville-West an Harold Nicolson, 1.10.1923

kompromittierende Widmung an Violet, dafür mit ein paar netten einleitenden Volksreimen aus der Türkei.

Somit hatten Harolds Geduld und Verständnis für Vitas Dilemma einstweilen Früchte getragen. Vita gab sich in den folgenden Wochen größte Mühe, Violet zu vergessen und in der Londoner Gesellschaft an der Seite ihres erfolgreichen Mannes die Rolle der souveränen, liebenden Gattin zu spielen. In ihrem Innern jedoch brodelte es weiter, zumal Violet nicht aufgeben wollte und mit verzweifelten Briefen und Telegrammen Vitas gute Vorsätze immer wieder ins Wanken brachte. Im März 1920 hielt sie es nicht länger aus und fuhr mit Harolds Segen nach Avignon, um mit Violet von dort weiter nach San Remo und Venedig zu reisen. Wie Harold vorausgesehen hatte, dauerte es jedoch nicht lange, bis Vita ihren Fehler einsah. Tatsächlich fühlte sie sich in Venedig so elend und verunsichert und wähnte ihre Situation so ausweglos, dass sie, wie sie schrieb, den Canal Grande trotz Schmutz und treibender Zwiebeln als Lösung in Betracht zog.

Statt in den Canal Grande zu springen, entschied sie sich im April aber doch noch für Harold im ›scheußlich grauen Land‹ und brachte diesmal an seiner Seite die Kraft auf, Violet ein Jahr lang zu widerstehen. Leicht fiel es ihr nicht. Zudem hatte London allmählich Wind von ihren emotionalen Turbulenzen bekommen, und beide, Harold und sie, mussten erst einmal lernen, mit dem bösen Gemunkel in ihrem Diplomatenkreis umzugehen.

Virginia, die im viel weltoffeneren Bloomsbury-

Kreis verkehrte, zeigte sich über Vitas Liaison nicht sonderlich beunruhigt, als sie davon erfuhr. Weit fragwürdiger schienen ihr Vitas Standesdünkel und der Mangel an intellektueller Geschliffenheit, der in ihren Augen Hand in Hand mit den sozialen Privilegien ihrer Kreise ging. Vita konnte nicht ahnen, wie hart Virginia über sie und Harold im März 1923 urteilte, als das Paar seinen ersten Auftritt im Bloomsbury-Zirkel hatte. Zugegen waren Virginia und ihr Mann Leonard, der Schwager Clive Bell, der Maler Duncan Grant sowie der Schriftsteller und Biograf Lytton Strachey. Die sogenannten ›Bloomsberries‹ konnten sich so elitär und snobistisch geben wie die adelige Elite; scharfzüngig, zynisch und unerbittlich gegenüber jedem, dessen intellektuelles oder künstlerisches Niveau sie nicht für ebenbürtig hielten, hatten sie sich doch als Künstlergruppe innerhalb des strengen Klassensystems Großbritanniens relative Narrenfreiheit erkämpft. Geld und Herkunft waren ihnen weniger wichtig als künstlerische und literarische Entfaltung, und absolute Toleranz in Beziehungsfragen betrachteten sie als eine Selbstverständlichkeit.

Vita und Harold wussten Bescheid und meinten, eigentlich ganz gut in den Bloomsbury-Zirkel zu passen, zumal Harolds eben erscheinende Biografie über den Dichter Alfred Tennyson ihn bestimmt als intellektuelles Kaliber ausweisen würde und Vitas literarische Exploits erst gar nicht herausgestrichen werden mussten.

Das Paar irrte sich; die ›Bloomsberries‹ hatten an jenem Tag einen besonders kritischen Blick darauf, und Virginias Fazit am Schluss des Abends fiel entsprechend vernichtend aus: »... wir fanden sie beide unheilbar dumm.«

Allzu viel kann man jedoch nicht in ihr Urteil hineinlesen, denn zwei Tage später fand sie sich in London mit Vita zum Lunch ein, und obwohl Virginia darüber nichts verlauten lässt, finden wir in Vitas Tagebuch die schönen Worte: »... überwältigt vor lauter Virginia.«

Noch waren Vitas und Virginias Briefe jeweils an Mrs. Woolf und Mrs. Nicolson adressiert. Vita war die Erste, die ein vertrauteres ›My dear Virginia‹ wagte; eine Einladung, die Virginia nicht unmittelbar annahm. Aus Spanien, wo sie mit Leonard gerade im Urlaub weilte, kam das übliche distanzierte ›Dear Mrs. Nicolson‹, auf das auch noch ihre Absage auf Vitas Vorschlag folgte, dem PEN-Club beizutreten. Damit schien die Annäherung vorerst auf Eis gelegt. Statt sich auf weitere Korrespondenz einzulassen, widmete sich Virginia den verschiedenen Druckprojekten der *Hogarth Press* und vor allem ihrem neuen Roman *Die Stunden* (später *Mrs. Dalloway*). Bei so viel Arbeit rückte Vita notgedrungen in den Hintergrund. Aber auch Vita war fleißig, und nicht nur literarisch. *Die Herausforderung* erschien in Amerika, und in England gleich darauf der nächste Roman, *Grey Wethers*, doch das Jahr brachte Vita vor allem Reisen und neue Verstrickungen. Der Wanderurlaub in Südengland allein mit Harold war ganz nach ihrem Geschmack, weniger hingegen die fast krankhafte Anhänglichkeit von Dorothy

Wellesley, der Herzogin von Wellington, die im Jahr zuvor Mann und Kinder für Vita verlassen hatte und nun mitansehen musste, wie sich Vita in neue Abenteuer stürzte. Dottie wollte nicht von ihrer Seite weichen, und ganz so herzlos wollte Vita wiederum nicht sein, sie einfach abzuschütteln. Vita fühlte sich schuldig, Dotties Ehe zerstört zu haben, während die ihre bis dahin die heftigsten Stürme intakt und sogar gestärkt überlebt hatte. So zumindest schätzte Vita ihre Ehe mit Harold ein, als sie im Herbst mit Geoffrey Scott – zur Abwechslung einem Mann – eine Woche Urlaub im nördlichen Lake District machte, nachdem sie ihre beiden Söhne mit dem Kindermädchen in die Bretagne geschickt hatte. Von ihrem idyllischen Ferienort aus leitete sie am 1. Oktober 1923 einen Brief ihres neunjährigen Sohnes Ben an Harold weiter, der gerade in Griechenland für seine Byron-Biografie recherchierte, und schrieb dazu: »Mein kostbarer Liebling, ich dachte heute über unser Verheiratetsein nach und war halb traurig (weil Du weg warst) und halb glücklich (weil wir einander immer noch besser lieben als alle anderen Menschen auf der Welt).« Es ist bezeichnend für Vita, dass sie sich keinerlei Gedanken über den Umstand machte, Harold an ihrem zehnten Hochzeitstag ihre ewige Liebe zu bekunden, während sie mit einem anderen Mann zusammen war.

Geoffrey Scott, feinfühliger Dichter, Architekturhistoriker und Ästhet, war mehr als ein Abenteuer für Vita, doch wie Dottie entwickelte er im Laufe ihrer Beziehung die lästige Tendenz, sie mehr in Beschlag zu nehmen, als ihr lieb war. Auf die Euphorie folgte bald einmal die Frage, wie sie sich am besten aus dem Schlamassel ziehen konnte, ohne Scott zu verletzen. Affären zu beenden war nie eine Stärke von Vita gewesen, sie zog dramatischen Szenen den langsamen Rückzug vor, in der Hoffnung, dass die Sache von allein abkühlen und jeder wieder frei und unbekümmert seiner Wege gehen würde. Scott, und wie vor ihm auch schon Violet, Dottie und manch andere, wollte oder konnte indessen nicht so leicht auf Vita verzichten. Er träumte davon, sein Leben zwischen seiner Frau in Florenz und Vita in England zu teilen, und gab hierfür sogar seinen Posten an der britischen Botschaft in Rom auf. Das Kalkül ging jedoch nicht auf, denn Vita, die angebetete Vagabundin, dachte nicht im Leben an eine feste Bindung, und als Virginia sie im Sommer des folgenden Jahres auf dem Land besuchte, wo auch Scott und die anhängliche Dottie weilten, fand sie, dass Scott »das vornehme Gesicht eines Gescheiterten hatte«. Sie wusste nichts über Vitas Beziehung mit Scott, und Scott seinerseits ahnte nicht, dass Virginia richtig gesehen hatte: Er war, was Vita anbelangte, ein Gescheiterter, auch wenn er noch immer gemeinsame Zukunftspläne schmiedete.

Gemäß ihrer Gewohnheit tolerierte Vita Scotts und Dotties Anwesenheit noch Monate, nachdem sie ihrer müde geworden war; das schlechte Gewissen plagte sie, und im Fall von Dottie empfand sie aufrichtiges Mitleid und willigte deshalb hin und wieder sogar in eine kleine Reise mit ihr ein. Ihr Herz aber war wieder frei für eine neue große Liebe.

Mitte März 1924 zogen Virginia und Leonard Woolf von Richmond nach London und pachteten ein vierstöckiges Haus am Tavistock Square in Bloomsbury, nur wenige Gehminuten vom Wohnort von Virginias Schwester Vanessa entfernt. Sie nutzten die oberen zwei Stockwerke als Wohnung und den Kellerraum für die *Hogarth Press*, während die restlichen Geschosse von einer Anwaltskanzlei belegt waren.

Vita war eine der ersten Besucherinnen in Virginias neuem Domizil. Die von Virginias Schwester und Duncan Grant gemalten Tafeln im Wohnzimmer fand sie zwar grässlich, aber sie ließ sich nicht abschrecken, verbrachte den ganzen Nachmittag mit Virginia und unterhielt sich mit ihr »über Bücher und das Leben, das Übliche«. Unterschwellig mögen aber zwischen Büchern und dem Leben intimere Themen durchgeschimmert haben; am Schluss zählte für Vita jedenfalls, dass sie noch nie so lange allein mit Virginia zusammen gewesen war.

Abgesehen von einer zaghaften persönlichen Annäherung brachte jener Märznachmittag auch eine siebzehn Jahre umspannende, für beide Frauen inspirierende literarische Zusammenarbeit in Gang. Ihre Diskussion über Bücher musste unweigerlich auch die *Hogarth Press* berühren. Virginia erzählte Vita bestimmt voller Stolz, dass sie und Leonard in diesem Jahr T.S. Eliots Gedichtzyklus *The Waste Land* und E.M. Forsters ägyptisches Reisebuch *Pharos and Pharillon* herausgeben wollten, und klagte auch, dass der Verlag sie mehr auslauge als »sechs Säuglinge gleichzeitig an der Brust«. Obwohl Virginia oft nicht

T. S. Eliot und Virginia Woolf, 1924

einsah, warum sie ihre eigenen Texte vernachlässigen musste, um stundenlang Briefumschläge zu beschreiben und Bücher zu verpacken, lag ihr der finanzielle Erfolg des Verlags am Herzen. Eine Balance zu finden zwischen interessanten, aber wenig bekannten Autoren und solchen, die schon so erfolgreich waren, dass deren Bücher sich automatisch gut verkauften, empfand sie als eine kreative Herausforderung, die umso größer war, als weder Leonard noch sie bereit waren, allzu viele Konzessionen ans Publikum zu machen. Aus dieser Überlegung heraus bat Virginia ihre neue Bekannte, etwas für die *Hogarth Press* zu schreiben. Vita war berühmt, schrieb gut, man kannte sie, und Virginia wiederum hatte die nötigen Kontakte, um Vitas Bücher in weiten Kreisen unter die Leute zu bringen. Auf Vita zu setzen, konnte dem Verlag nur Vorteile bringen.

Virginias Anfrage kam für Vita in einer schwierigen Phase ihrer literarischen Karriere. Der Erfolg und vor allem die unglaubliche Leichtigkeit, mit der Vita Verse und Prosa produzierte, hatten sie an einen Punkt gebracht, an dem sie die Qualität ihrer Werke aus den Augen verloren hatte. Jahre später dankte sie Virginia in einem Brief für die Notbremse, welche sie mit ihrer Bitte gezogen hatte. »Ja, meine liebe Virginia: ich war am Scheidewege …« Darunter zeichnete sie einen Wegweiser an einer Kreuzung mit einem Pfeil für ›schlechte Romane‹ und einem anderen für ›gute Dichtung‹. Tatsächlich war es so, dass Virginia mit ihrer Einladung zur Mitarbeit der Serie schlechter Sackville-West-Romane ein Ende setzte. Trotz ihres harten Urteils über Vitas oberflächliche Prosa vermutete sie nämlich »ausgefallenere, tiefere, kantigere Gedanken«, die noch in ihr schlummerten. Diese aufzuwecken und Vita zu helfen, sie in einem Werk bleibenden literarischen Wertes zu verwirklichen, entsprang nicht dem Wunsch, sich als Mentorin aufzuspielen, sondern allein der Überlegung, dass Vitas ehrlichere literarische Anstrengung dem Verlag letztlich zum Vorteil gereichen werde.

Vita nahm die Herausforderung an und versprach, ein Manuskript für das Herbstprogramm beizusteuern. Dass sie zurzeit gerade regelmäßig für die *Vogue* schrieb, an ihrem Versepos *The Land* arbeitete und als begeisterte Gärtnerin nun auch begonnen hatte, Gartenartikel zu verfassen, bereitete ihr keine Sorgen. Ein paar Monate genügten, um einen Roman zu schreiben, und wenn noch eine Reise dazwischenkam – Wanderurlaub mit Harold in den Dolomiten –, umso besser; die Bergluft und physische Anstrengung würden ihre Feder erst recht zum Fließen bringen. Und so war es. Vita schrieb den größten Teil von *Seducers in Ecuador* während ihres zweiwöchigen Urlaubs im Juli und lieferte das Manuskript rechtzeitig am 13. September ab – nicht etwa per Post, sondern eigenhändig anlässlich ihres ersten Wochenendes in Virginias Landhaus in Rodmell. Virginias Tagebucheintrag vom 15. September 1924 vermittelt einen lebhaften Eindruck von Vitas Auftritt, verrät aber auch Staunen und Faszination der Verfasserin ob solch ungenierter Flamboyanz: »Vita war hier für den Sonntag, das Dorf in ihrem großen blauen

Austin-Wagen hinuntergleitend, den sie meisterhaft steuert. Sie trug ein gestreiftes, gelbes Trikot, & großen Hut, und hatte einen Toilettenkoffer voll Silber und in Seidenpapier eingewickelter Nachthemden ... Vita, um auf sie zurückzukommen, ist in ihren Gesichtszügen wie überreife Trauben, schnurrbärtig, schmollend, wird etwas fest werden; einstweilen schreitet sie auf schönen Beinen, in einem gut geschnittenen Rock, & trotz peinlichem Benehmen beim Frühstück, hat sie männliche Vernunft und Schlichtheit, die wir beide, L. & ich, angebracht finden. Oh ja, ich mag sie; könnte sie für alle Zeiten in mein Gefolge aufnehmen; & angenommen das Leben erlaubte es, könnte dies eine Art Freundschaft sein.«

Vita war an diesem Wochenende nicht eigentlich als Freundin zu Besuch gekommen, sondern als potenzielle Verlagsautorin, und diese Rolle verunsicherte sie mehr, als sie es sich eingestehen wollte. Konnte *Seducers in Ecuador* die Woolfs überzeugen? Hatte sie mit genügend Selbstkritik an ihrem Stil gefeilt und auch Tiefgang in ihre Geschichte gelegt, statt nur wild drauflos zu erzählen? Solche Fragen und Selbstzweifel beschäftigten Vita, während sie in ihrem blauen Austin durch die schöne hügelige Landschaft von Sussex nach Kent zurücksauste und sich vorstellte, wie Virginia und Leonard in diesem Augenblick, Stift zur Hand, ihr Manuskript durchpflügten.

Wie erleichtert war sie, als sie wenige Tage später Virginias lobreiche Zusage erhielt. Sie fühle sich wie eine gestreichelte Katze und habe den ganzen Tag in der Luft geschwebt, schrieb sie zurück. Virginias

Anerkennung war ein Qualitätssiegel, und die folgenden Diskussionen rund um mögliche Kürzungen, Druck und Vermarktung des Buches empfand sie als eine spannende und bereichernde Erfahrung, für die sie sich dankbar zeigte. Besonders freute sie, dass Virginia den Text nicht nur der Geschichte wegen schätzte, sondern darin auch einen neuen interessanten Erzählansatz entdeckte, der in früheren Romanen fehlte.

Virginia, die strenge, aber stets gerechte Rezensentin, meinte es ehrlich mit ihrem Lob. Sie fand den Text weniger geschwätzig als Vitas übliche Prosa und erkannte darin sogar einen Schimmer Kunst. Gleichzeitig aber löste die Lektüre bei ihr eine Fülle von zwiespältigen Gefühlen und Gedanken aus. Wie brachte es Vita fertig, einen ansprechenden literarischen Text zu schreiben und gleichzeitig als Mutter, Gattin, große Lady und Gastgeberin zu glänzen? Solange Vita mittelmäßige Literatur produzierte, konnte Virginia ihr diese vollkommene weibliche Erfüllung ohne Neid zugestehen. Aber *Seducers in Ecuador* war nicht Mittelmaß, sondern ein Beweis, dass Vita in Sachen Literatur durchaus lernfähig war. Damit musste Virginia erst einmal zurechtkommen. »Wie wenig tue ich von all dem«, sinnierte sie und kam zum Schluss, dass ihr wohl eine wesentliche Energie fehle. Niemals war sie imstande, wie Vita 20.000 Wörter in zwei Wochen zu schreiben, sie, die nicht einmal Kinder hatte und auch keiner Schar Bediensteter befehlen oder große Partys organisieren musste. Solche Vergleiche kamen auch später immer wieder auf und sorgten für Momente der Verunsicherung, obwohl sie grundsätzlich wusste, wo sie mit ihrer Kunst stand und welche Wege einzuschlagen waren, um weiter in das literarische Neuland vorzudringen, das sie mit *Jacobs Zimmer* betreten hatte.

»Du und ich allein, wie verheiratet«

Einen Ansatz von literarischem Neuland entdeckte Virginia auch in Vitas Roman. Es erstaunte sie zu lesen, wie spielerisch Vita mit dem Schicksal ihrer Hauptfigur umging und wie unverfroren sie mit dessen Abenteuern die Grenzen der Wahrscheinlichkeit sprengte. Vita hatte alle Register des Melodramas gezogen: Sturm auf hoher See, Hochzeit, tödliche Krankheit, Euthanasie, Erbschaft, Prozess, Todesstrafe, all das packte sie mit frischem, ironischem Leichtsinn in ein schmales Buch, das vom jungen Gentleman Arthur Lomax handelt, der eines Tages eine blau getönte Sonnenbrille aufsetzt, um sich vor der »allzu realistischen Blendung der Sonne« zu schützen, und die wirkliche Welt von da an buchstäblich mit neuen Augen sieht.

Seducers in Ecuador gehört nicht zu Vitas besten Romanen, aber er vermittelte Virginia eine erste Ahnung, wie eine Geschichte aussehen könnte, in der die Wirklichkeit nicht erst durch das Brennglas der subjektiven Wahrnehmung einer Figur fantastische Züge annehmen könnte, sondern durch willkürliche und ironische Missachtung des Tatsächlichen.

In diesem Zusammenhang lohnt es sich, eine erst kürzlich wiederentdeckte Geschichte von Vita zu erwähnen, die Virginia sogar direktere Impulse für *Orlando* gegeben haben könnte als *Seducers in Ecuador*. Die Rede ist von *A Note of Explanation*, einem Märchen, das fast ein Jahrhundert lang ungelesen in Windsor Castle schlummerte und 2017 entdeckt und aufgelegt wurde. Vita gehörte zu den fast 200 Autoren, die 1922 vom Königshaus angefragt worden waren, für das Puppenhaus von Königin Mary eine Geschichte beizusteuern. Vita schrieb sie von Hand auf Seiten von der Größe einer Briefmarke, worauf der Text in Leinen gebunden nebst Geschichten von Thomas Hardy, Arthur Conan Doyle, Rudyard Kipling, Joseph Conrad u. a. Platz in der Bibliothek des Puppenhauses fand.

Noch ist nicht geklärt, ob Virginia die Geschichte kannte, aber die Wahrscheinlichkeit ist groß, dass Vita ihr in den Anfängen ihrer Bekanntschaft davon erzählte, zumal Virginia selbst auch für eine Geschichte angefragt worden war, im Unterschied zu Vita aber abgelehnt hatte. Etwas voreilig wird heute angenommen, dass Virginia die Idee einer Figur, die Jahrhunderte überlebt und bald in London, bald in Konstantinopel anzutreffen ist, aus *A Note of Explanation* geschöpft haben könnte. Vita erzählt darin nämlich von einer kleinen Elfe, die in Königin Marys Puppenhaus lebt und im Laufe der Zeit verschiedene Märchen besucht, als wären sie andere Länder und gehörten in andere Zeiten. Die Elfe erlebt zum Beispiel Aschenbrödels Ball und die Entstehung von Aladins Palast und sieht, anderenorts, wie der Prinz Dornröschen mit einem Kuss zum Leben erweckt. Die Versuchung ist gewiss groß, in Vitas Elfengeschichte den Keim von Virginias

Orlando zu verorten, aber es fehlen hierzu stichhaltige Argumente. Die Tatsache bleibt jedoch, dass Vita vier Jahre vor Virginia in einem Text die herkömmlichen Koordinaten von Raum und Zeit über Bord warf, um ihre Palette von Schauplätzen und Figurenkonstellationen zu erweitern.

Die direktesten Spuren von *Orlando* führen nicht so weit wie Vitas Märchenland, sondern von Virginias Londoner Adresse aus zwanzig Meilen südwestwärts oder von ihrem Landhaus in Rodmell aus vierunddreißig Meilen nordwärts nach Sevenoaks. Dort steht, ein Märchen der erlesensten Art, Vitas Kindheitsparadies Knole, das Virginia schon so gut aus Vitas Geschichtsbuch kannte, aber noch nicht mit eigenen Augen gesehen hatte. Dieses Paradies sollte Virginia vier Jahre später als Orlandos Landsitz in der Weltliteratur verewigen, und somit kann man ihren ersten Besuch auf Knole am 5. Juli 1924 zumindest ideell als die Geburtsstunde von *Orlando* bezeichnen. Nebst Vita und Harold waren auch die treue Dottie und der unglückliche Geoffrey Scott mit von der Partie, was Virginia nur insofern störte, als sie sich neben dem Architekturhistoriker laienhaft vorkam.

Ihre Eindrücke von Knole haben indessen eine fantasievolle Frische, die solideres kunsthistorisches Wissen vielleicht getrübt hätte. Das elisabethanische Zeitalter war schon immer eine ihrer Lieblingsepochen gewesen, und hier kam sie nun aus dem Schauen und Staunen nicht heraus. Sie erwähnt in ihrem Tagebuch meilenlange Gänge, Ahnenbilder,

»Seine Lordschaft lebt im Kern
einer riesigen Nuss ...«
Knole House in Kent, Vitas Märchenland

Gobelins, Stühle, auf denen Shakespeare gesessen haben könnte; sie beschreibt einen runden glänzenden Tisch, auf dem ein Dutzend mit einer roten Rose geschmückte Kristallgläser im Kreis um ein Gedeck angeordnet sind, und kann es kaum fassen, dass all dies dem Wohl und Vergnügen eines einzigen Bewohners dienen soll, der kein anderer als Vitas Vater ist, Baron Lionel Edward Sackville-West. Sie rechnet aus, dass Knole mit allen seinen Nebengebäuden etwa halb so groß wie Cambridge sein muss, ein Koloss, dessen Extremitäten und innere Organe jedoch abgestorben sind; Scheunen und Ställe sind abgeriegelt und im Hauptgebäude Dutzende, wenn nicht Hunderte von Zimmern abgesperrt: »Seine Lordschaft lebt im Kern einer riesigen Nuss«, schreibt Virginia, und auf dem Rückweg nach London im Zug rührt sich für einen Augenblick ihr soziales Gewissen beim Gedanken, dass diese riesige Nuss all die verzweifelten Armen von Judd Street, einem Londoner Slum, beherbergen könnte.

Virginia besuchte Knole im Laufe der kommenden Jahre immer wieder, zu verschiedenen Jahreszeiten und öfter mit Vita allein. Bald schon begann Virginia diese Führungen mit differenzierterer Wahrnehmung zu genießen, konnte kühlen Kopfes Kritik am Haus üben und gleichzeitig vollkommen unter dem Bann von Vitas Ausstrahlungskraft stehen. Im Januar 1927 wandelte Virginia mit Vita durch die Gänge von Knole und spähte in Räume, die sie eher klein und deren prunkvolle Ausstattung nicht eigentlich gefällig fand; auch vermisste sie allgemein weite Aussichten.

Vita aber brachte alles zum Leuchten, was sie umgab: von den Hunden bis zum Holzkarren, von einem Schwarm junger Diener, die sie mit größter Selbstverständlichkeit vor sich her durch die Gänge trieb, bis zum Liebesbrief eines Ahnen, aus dem eine goldene Locke des Dichters Dryden fiel. Virginia erlebte die Freundin an diesem Tag wie eine Magierin, die Zusammenhänge von der dunklen Vergangenheit in die lichterfüllte Gegenwart emporfischte, sodass es ihr wie Schuppen von den Augen fiel. Das elisabethanische Zeitalter lebte plötzlich auf, eine verwirklichte Fantasie, die, im Zeitlosen aufblitzend, Virginia gleichsam einen proustschen Moment wiedergefundener Zeit bescherte. Und wie Proust begann sie ein paar Monate später, diesen Moment in Worten festzuhalten, um ihn vor der Vergänglichkeit zu bewahren.

Einstweilen aber arbeitete Virginia weiter an *Mrs. Dalloway* und konnte mit Leonard aufatmen, dass die Verkaufszahlen von Vitas Roman *Seducers in Ecuador* ihre Erwartungen überstiegen und namhafte Kritiker sich lobend äußerten. Edwin Muir sprach in *The Nation and Athenaeum* sogar von einer ›fantastischen psychologischen Studie‹. Vita war Erfolg gewöhnt und nahm auch diesen gelassen hin. Diesmal aber brachte ihr die Veröffentlichung in der *Hogarth Press* Kontakte mit anderen Mitgliedern des Bloomsbury-Zirkels, und unter diesen als Schriftstellerin ernst genommen zu werden, geschweige denn brillieren zu können, war alles andere als selbstverständlich. Die Freude an diesen neuen Kontakten war indessen nicht ungetrübt. Oft fühlte sich Vita auf Bloomsbury-Partys fehl am Platz und erlebte Virginia von einer verstörend harten Seite.

Die unausgesprochenen Regeln von Bloomsbury blieben für Vita zeitlebens ein Rätsel. Ein Strauß blauer Lupinen für die Gastgeberin wurde zum Beispiel als zu protzig empfunden – »ein ganzer Baum von einem Strauß«, höhnte Virginia in ihrem Tagebuch und fuhr in ihren Erinnerungen fort, von der ›alten, ungehobelten und ungeschickten Vita‹ zu schreiben, die den ganzen Abend beleidigt, bescheiden und stumm dagesessen habe wie ein Schuljunge, dem man über den Mund gefahren ist, bloß weil E.M. Forster Edith Sitwells Lyrik gelobt und die ihre mit keinem Wort erwähnt hatte.

Dies sind harte Worte aus Virginias Feder, und sie stehen in ihrer schriftlichen Hinterlassenschaft nicht allein da; immer wieder betont Virginia die unbeholfene und laute Art der Freundin, und wie schlecht sie in den raffinierteren Kreis ihrer so viel gescheiteren Freunde und Verwandten passt. Wenn sie jedoch allein mit Vita zusammen war oder an sie schrieb, waren diese elitären Eindrücke vergessen; losgelöst von der Gesellschaft, die sie als Vertreterinnen unvereinbarer Klassen trennte, konnten Vita und Virginia unvoreingenommen aufeinander zugehen und ihre Freundschaft vertiefen.

Virginia musste im Jahr 1925 allerdings wegen wiederholter Grippeerkrankungen und heftiger Kopfschmerzen über Wochen das Bett hüten. Als sie gar auf der Geburtstagsparty ihres Neffen Quentin am

19. August zusammenbrach, verhängte Leonard ein mehr oder weniger striktes Besuchsverbot. Vita durfte Virginia nur selten aufsuchen und höchstens eine halbe Stunde bleiben. Bücher, ihr altes Gesprächsthema, dominierten auch in diesen Zeiten ihren Austausch. Vita überschüttete Virginia mit Komplimenten über ihre beiden neu erschienenen Werke, den Essayband *Der gewöhnliche Leser* und *Mrs. Dalloway*, was Virginia durchaus gern hörte. Von ihrem Krankenbett aus begann Virginia jedoch das gemeinsame Terrain der Literatur in Gedanken zu verlassen und intimeren Visionen von der Freundin nachzuhängen. Dass sie Vita diese mitteilte, könnte verwundern, aber die Beziehung war offenbar schon so weit zum Flirt gediehen, dass Vita daran anknüpfen konnte.

»Ich habe eine vollkommene und ohne Zweifel unwahre Vision von Dir in meinem Geist – Du stampfst den Hopfen in einem großen Bottich in Kent – splitternackt, braun wie ein Satyr, und sehr schön. Sag mir nicht, dass dies alles Illusion ist …«, schrieb Virginia am 24. August 1924.

»Ich mag Dein ungezügeltes Bild von mir … in den Bottichen tanzend«, schrieb Vita zurück. »Bitte bewahre es. Ich werde Dir die Wahrheit nicht sagen …«

Nur wenige Tage zuvor war Vita mit ihren Hunden durch Sussex gefahren, hatte von einem Hügel aus Ausschau nach Virginias Haus gehalten und sie sich schlafend darin vorgestellt. Sie fühlte, dass sie Virginia damit einen geheimen Besuch abgestattet hatte, und fand diesen besonders romantisch, weil Virginia nichts davon ahnte.

In ihrem labilen Gesundheitszustand träumte Virginia von Ausflügen mit Vita, und weil diese vorerst nicht möglich waren und oft Wochen verstrichen, ohne dass sie die Freundin sah, forderte sie von Vita möglichst genaue Schilderungen ihres Alltags und der Leute, die sie umgaben, damit sie ihre Tagträume über sie wenigstens an ein paar konkrete Fakten binden konnte. Ihre gegensätzlichen Lebensstile klafften nie so stark auseinander wie in jenem Sommer und Herbst 1925. Da war die bettlägerige Virginia, die sich unter Kopfschmerzen und Schwächezuständen ihren nächsten Roman *Zum Leuchtturm* abrang, und wenige Meilen entfernt Vita, die, vor Gesundheit strotzend, die praktischen Aufgaben des Tages anpackte und zwischendurch auch noch Zeit fand, an ihrer Dichtung zu arbeiten. Beinahe schämte sie sich vor Virginia wegen ihrer kräftigen Konstitution, und wenn sie ihr den Verlauf ihrer Tage beschrieb, so war sie entsprechend bedacht, ihre Alltagstätigkeiten als bloße Bagatellen darzustellen. So zählte sie zum Beispiel auf, was sie an einem ihrer besseren Tage alles getan hatte: hundert Blumenzwiebeln pflanzen, mit einem Sohn Tennis spielen und den anderen, der gerade Keuchhusten hatte, bei Laune halten, eine Detektivgeschichte im Bad lesen, mit dem Zimmermann reden und zuletzt fünf Zeilen Lyrik schreiben. Die Aufzählung sollte Virginia beruhigen, dass eine gute Gesundheit noch lange keine Garantie für ein sinnvoll erfülltes Leben sei. Vita bezeichnete alle ihre Tätigkeiten, nicht nur die Gartenarbeit, den Sport und das Instandhalten von Long Barn als reine Zeitverschwendung, sondern auch ihre mütterlichen Pflichten und die wenigen zustandegebrachten Zeilen. Sie wollte sich als betriebsam darstellen, um den Unterschied zu Virginias fokussierter Willensstärke hervorzuheben. Erlaube ihr diese Stärke nicht, zeitgleich zu schreiben, zu rezensieren und zu lektorieren und so viel mehr von ihrem Krankenbett aus zu erreichen als sie selbst, die mitten im Leben stehe?, fragte sie. »Tust du es durch Konzentration? Tust du es durch Organisation? Ich brauche dringend ein Rezept.«

Virginia lieferte natürlich kein Rezept, dazu kannte sie Vita schon zu gut. Niemals würde die Freundin ihren Lebensstil auf ein paar Ratschläge hin umkrempeln; auch wollte sie das Bild der fest im Leben verankerten Vita bewahren, weil es ihre Fantasie anregte. Beide Frauen versuchten während dieser Periode spärlicher Kontakte, sich in das Leben der anderen hineinzudenken, und sponnen die brieflich ausgetauschten Fakten zu Bruchstücken erfundener Biografien aus. Vor allem Virginia fand Gefallen an diesem Spiel und bettelte buchstäblich um mehr Illusionen. Nicht nur wollte sie ihre eigenen Illusionen über Vita schaffen, um ihr wenigstens im Geist näher zu sein, sondern verlangte, dass Vita ihrerseits Illusionen über sie hege. Die Illusion zum Beispiel, dass sie von ihrem Bett aus Geniales leiste. Zwar verneinte sie dies, wollte aber doch, dass Vita daran festhalte. Sie brauche alle ihre Illusionen, schrieb sie und fügte am 23. September 1925 in fast schon provokativem Ton hinzu: »Ich kann Dir versichern, wenn Du mich erfindest, werde ich Dich erfinden ...«

Das Motiv des Erfindens einer Fantasiefreundin ist somit bereits zwei Jahre vor der Niederschrift von *Orlando* angedeutet. Noch handelte es sich um ein bloßes Gedankenspiel, aber Virginia ließ damit auch anklingen, dass dieses ihr mehr als ein geistiges Amüsement bedeutete, nämlich geradezu eine Notwendigkeit, um die Zeit zwischen einem Besuch und dem nächsten zu überbrücken.

Vita verstand die Andeutung und erfahren, wie sie in Herzensangelegenheiten war, erkannte sie auch lange vor Virginia, was sich dadurch zwischen ihnen anbahnte. Virginias Zustand erlaubte indessen keine brüsken Vorstöße. Sowohl der Arzt als auch Leonard hatten vor den schlimmen Folgen längerer Besuche gewarnt und größtmögliche Ruhe und Schonung angeordnet. Aber was tun, wenn Virginia so inständig um Besuche bat und träumte, nach London zurückzukehren, um mit Vita ein ruhiges Gespräch im Untergeschoss zu führen? Und vor allem wie antworten, nachdem sie selbst eben in diesen Tagen erfahren hatte, dass Harold einen Posten an der Botschaft in Teheran angenommen hatte und deshalb ein Umzug nach Persien bevorstand? Die Nachricht erschütterte Vita. Trotz der Aussicht auf abenteuerliche Kamelritte durch die Wüste hoffte sie eine Zeit lang, dass Harold sich umstimmen lassen würde, zumal er sich kürzlich auf eine Beziehung mit dem frankophilen Literaturkritiker Raymond Mortimer eingelassen und ihr gebeichtet hatte, dass es diesmal mehr als nur eine seiner kleinen homosexuellen Eskapaden sei. Darauf hatte sie mit derselben Großmut reagiert, wie sie es von ihm gewohnt war, und ihn beruhigt, dass es ihr gleichgültig sei, mit wem er schlief, solange sie sein Herz habe. Harolds Ernennung zum Botschaftsrat in Teheran war schwerer zu schlucken als seine Untreue.

Selbst mit der Idee hadernd, London, ihren Freundeskreis und vor allem Virginia verlassen zu müssen, musste sie noch die richtigen Worte finden, um Virginia die verheerende Nachricht schonend mitzuteilen. Sie entschied sich, die Tatsache als eine Art Ratespiel zu präsentieren und in ihrer gemeinsamen Welt erfundener Freundinnen anzusiedeln, um den Schlag abzuschwächen. Ferner teilte sie die Neuigkeit in zwei gleichzeitig abgeschickte Briefe, die erst zusammen gelesen ein vollständiges Bild des Bevorstehenden gaben. Das Bild der forschen, oft rücksichtslosen Vita darf man spätestens an diesem Punkt revidieren. In diesem schwierigen Moment bewies sie eine fast mütterliche Fürsorglichkeit und schrieb am 11. Oktober Zeilen an Virginia, deren taktvolle, sorgfältige Dosierung des Unabänderlichen noch heute ergreift: »... Du wirst diese beiden Briefe gleichzeitig erhalten, – oder möglich sogar diesen vor dem anderen ... Ich werde Dir deshalb das Ziel meines Reisens nicht enthüllen, damit der andere Brief nicht seines Quäntchens Neuigkeit beraubt wird ... Ich werde Dir nur sagen, dass es NICHT die Riviera oder Italien ist, oder sogar Ägypten, aber ein wildes, schönes und unverfälschtes Land; zeitlich weiter entfernt als China, aber nicht räumlich. Der ideale Reisebrief sollte ohne Adresse sein, denke ich; er sollte ankommen wie die

Taube zur Arche, mit keinem Hinweis, woher er gekommen ist, sodass er eine Landschaft beschwören kann, die romantisch schön ist aber geografisch unbestimmt. Wie werde ich es genießen, Dir zu schreiben; wie wehmütig wird es sein zu fühlen, dass Tinte unser einziges Mittel der Kommunikation ist; wie rücksichtslos werde ich Dir die Last des Schreibens an eine abwesende Freundin aufbürden.«

Virginias Gefühle nach Erhalt der Briefe schwankten zwischen Neid und Verzweiflung, aber immerhin konnte sie klaren Kopfes erkennen, dass Vitas Abreise das Ende ihrer Freundschaft bedeuten würde, wenn sie sich davor nicht treffen konnten. Nun setzte sie alles daran, die Freundin zu sich nach London zu locken oder sich zur Erholung für ein paar Tage von Vita nach Long Barn einladen zu lassen. Harold, erfuhr Virginia zu ihrer Freude, war vorerst allein abgereist, Vita sollte erst im Januar 1926 folgen, und das bedeutete, dass sie Vita ein paar Wochen für sich allein haben würde. Die Aussicht machte sie übermütig. Weil die Einladung nach Long Barn noch immer ausstand, wagte sie am 16. November einen für ihre Begriffe recht dreisten Vorstoß, den sie vielleicht als weiteres Element ihrer Freundinnenfantasien verstanden haben wollte – oder vielleicht auch nicht: »Es tut mir sehr leid für Dich (dass Harold in Persien weilt) – wirklich – wie ich es hassen würde, wenn Leonard in Persien wäre! Aber dann, in ganz London, Du und ich allein, wie verheiratet.«

Kurz darauf schlich sich das Wort ›Liebe‹ in ihre Korrespondenz; es kam aus Vitas Feder, von Virginia provoziert, die immer inständiger drängte, nach Long Barn zu kommen, und sich zu Hause wie eine vernachlässigte Geliebte nach Besuchen und Briefen sehnte, die nicht kamen.

Sie musste bis zum 17. Dezember warten. An diesem Tag holte Vita sie mit dem Auto in London ab und fuhr sie zu ihrem Landsitz, wo Leonard zwei Tage später hinzustoßen sollte. Virginia hatte sich von ihrer längeren Krankheit noch nicht ganz erholt und hütete jeweils bis Mittag das Bett. Dennoch musste Harold in Teheran beruhigt werden, dass Vita sich in seiner Abwesenheit nicht wieder in ein stürmisches Liebesabenteuer stürzen würde. Vita konnte in der Nacht des 17. Dezember guten Gewissens an Harold schreiben, dass Virginia zwar eine ausgezeichnete Gefährtin sei, er aber ja nicht Folgendes denken solle:

»a) Ich werde mich in Virginia verlieben
b) Virginia wird sich in mich verlieben
c) Leonard " " " " "
d) Ich werde mich in Leonard " «

Sie glaubte, was sie schrieb, und dass sie Harold schrecklich vermisste, klang ebenso wahr.

Am 18. Dezember bat Virginia, Vitas noch unvollendetes Versepos *The Land* lesen zu dürfen. Vielleicht wollte sie es für die *Hogarth Press* prüfen, aber letztendlich erschien es im folgenden Jahr im Londoner Heinemann Verlag und bescherte Vita 1927 den prestigeträchtigen britischen *Hawthornden Prize* für Lyrik. Virginia hatte ein zwiespältiges Verhältnis zur Lyrik und fühlte sich auf unsicherem Boden, wenn es um deren Beurteilung ging. Im Großen und Ganzen gefiel ihr das Epos, doch Vita, die ihre Stärke eben in der Lyrik sah, musste immer wieder gegen Virginias Meinung ankämpfen, wonach Lyrik einfacher und plumper als Prosa sei und nicht wie diese Schönheit vermitteln könne. Sie werden wohl auch an jenem 18. Dezember über die Qualitäten lyrischer Gattungen gesprochen haben, aber daneben fanden sie auch Zeit, auf dem Land spazieren zu gehen und im Städtchen Sevenoaks Einkäufe zu machen. Man stelle sich die zwei Frauen im Lebensmittelladen vor: Virginia, unscheinbar in ihren mausgrauen Kleidern, und daneben eine strahlende Vita, die auf Beinen wie Buchenstämmen hereinmarschiert und gleich das Wort ergreift, rosarot glühend, die Arme voller Trauben und mit Perlen behangen. So beschreibt Virginia die Freundin auf dem gemeinsamen Einkaufsbummel; und so, immer noch laut Virginia, erlebte Vita ihrerseits ihre Begleiterin, nämlich als ›unglaublich schlampig‹. Es fielen nach dem Einkauf sogar milde Vorwürfe. Vita tadelte, dass keine Frau sich weniger um ihre äußere Erscheinung schere als Virginia und niemand Sachen in der Art trage wie sie. Virginia musste ihr darin recht geben.

Über den Abend und die Nacht des 18. Dezember ist viel spekuliert worden und ebenso viel Tinte geflossen. Literaturgeschichtlich sind diese paar Stunden nicht von Belang, sie gehören in die intimste Privatsphäre der beiden Frauen und demnach zum Gebiet der Gender-

Forscher, der Psychologen und Biografen. Aber wer sich, aus welchem Blickwinkel auch immer, mit dem Phänomen ›Vita und Virginia‹ befasst, kommt nicht umhin, diesem Abend Aufmerksamkeit zu schenken. Er hat seine Wichtigkeit in der Bedeutung, die die Beteiligten selbst ihm beimaßen, und diese wog in Virginias Biografie und in ihrem komplexen weiblichen Selbstverständnis gewiss schwerer als in Vitas erotisch so viel ereignisreicherem Leben.

Bis heute ist nicht überzeugend gesichert, was genau sich in Vitas Wohnzimmer zutrug, während Virginia, vom warmen Licht des Kaminfeuers beleuchtet, auf dem Sofa lag. Vita vermerkte lakonisch in ihrem Tagebuch: »Redete mit ihr bis 3 Uhr morgens – nicht ein friedlicher Abend.« Aber drei Jahre später gab Vita der Nachwelt etwas mehr preis; in ihrem Brief vom 11. Oktober 1927 ruft sie Virginia jenen Abend folgendermaßen in Erinnerung: »Aber wie recht ich hatte, trotz allem; und dass ich mich Dir in Richmond aufdrängte und somit den Moment für die Explosion vorbereitete, die auf dem Sofa in meinem Zimmer geschah, als Du Dich so schändlich benahmst und mich für immer erstandst. Mich erstandst, das ist, was Du tatest, wie man einen Welpen in einem Laden kauft und ihn dann an der Leine hinausführt. Immer noch hinter Dir her trottet er, und immer noch an der Leine.« Aus Vitas Briefauszug scheint zumindest hervorzugehen, dass Virginia die sexuelle Begegnung wollte und auch aktiv provozierte.

Und Virginia? Ihr Tagebuch enthält nur indirekte Spuren inmitten Beschreibungen einer leuchtenden,

»Freundschaft gibt es nie ohne einen Hauch von Verliebtheit.«
Virginia Woolf, 1927

vollbusigen und sinnlichen Vita und die Feststellung – nicht zum ersten Mal –, dass Vita sei, was sie selbst nie gewesen war: eine wahre Frau. Diese Frau war jetzt ihre Geliebte, aber mehr als einen allgemeinem Hinweis wollte sie nicht preisgeben. »Diese Lesben *lieben* Frauen«, schreibt sie über Vita. »Freundschaft gibt es nie ohne einen Hauch von Verliebtheit ... Ich mag sie & mag mit ihr zusammenzusein ...«

Von Liebe sprach sie nicht; im Gegensatz zu ihren Briefen an Vita, in denen sie sich des Wortes in Zukunft gern bediente, wollte sie ihre Gefühle noch nicht festlegen. Und vor allem vermied sie, wie auch in ihren Werken, die physischen Aspekte der Liebe direkt zu beschreiben.

Diese Zurückhaltung lässt sich wohl auf das traumatische Erlebnis ihrer Kindheit zurückführen, als sie zwischen neun und vierzehn Jahren von ihren Halbbrüdern regelmäßig sexuelle Übergriffe erdulden musste. Die Belästigungen bestimmten schon in frühen Jahren ihre Einstellung zum eigenen Körper und später zu ihrer Sexualität. Zutiefst ängstlich und unsicher, wählte sie den Weg des Verzichts und mied Begegnungen, in denen sie die Gefahr körperlicher Intimität zu erkennen meinte. Als sie mit dreißig Jahren Leonard Woolf heiratete, arrangierte sich das Paar nach einer angeblich katastrophalen Hochzeitsnacht in einem Pub in Somerset mit einer asexuellen Ehe.

Virginia lebte indessen nicht nur im Elfenbeinturm, sondern setzte sich auf ihre eigene vergeistigte Art und Weise in ihren Romanen und Essays immer wieder mit der weiblichen Sexualität auseinander. In ihrem ersten Roman *Die Fahrt hinaus* bediente sie sich starker Bilder der Bedrohung, um die ersten sexuellen Erlebnisse der unschuldigen Rachel Vinrace zu veranschaulichen; Rachel glaubt zu ertrinken oder zu ersticken, fühlt sich in die Tiefe des Ozeans hinabsinken und wird von Alpträumen heimgesucht. Die junge Frau wird die Fahrt nicht überleben, sie stirbt als ein Opfer männlicher Ausbeutung, auf die das Leben sie so schlecht vorbereitet hat.

Der Kampf, den Rachel wegen ihrer Unerfahrenheit von vornherein verlieren musste, galt der Männerwelt mit ihrem bis dahin nie infrage gestellten Anspruch auf sexuelle Herrschaft. Virginia verarbeitete darin ein Stück weit ihre eigene Kindheit als Mädchen in einem Haus, in dem die Männer – der Vater Leslie Stephen, die beiden Brüder und die Halbbrüder – das Sagen hatten und Frauen zu ›Engeln des Hauses‹ erzogen wurden. In *Die Fahrt hinaus* lässt sie ihre Hauptfigur an dieser geschlechtlichen Ungleichheit zugrunde gehen; im fünfzehn Jahre später und unter vollkommen neuen Vorzeichen verfassten Werk *Orlando* genießt der Held seine sexuellen Abenteuer jedoch in vollen Zügen: »Die Weibsbilder waren von kaum weniger losem Mundwerk und lockerem Betragen als die Vögel. Sie setzten sich Orlando auf den Schoß, schlangen ihm die Arme um den Hals, und da sie errieten, dass sich etwas Außergewöhnliches unter seinem groben Wollmantel verbarg, war ihnen nicht minder als ihm daran gelegen, der Sache auf den Grund zu gehen.«

Hürden erlebt Orlando erst, als er, Frau geworden, die Kehrseite seines früheren Lebens als Mann kennenlernt: die Unterwerfung, die seinem neuen Geschlecht verunmöglicht, was ihm in seinem männlichen Leben stets das Kostbarste gewesen war, nämlich die künstlerische Kreativität.

Die zitierte Passage vom Frauenhelden Orlando wäre Virginia kaum von der Feder geflossen, wenn sie nicht dank Vita eigene erfüllende sexuelle Erfahrungen hätte sammeln können. Die Neugier der Frauen auf das Außergewöhnliche unter Orlandos Wollmantel entsprach wohl einem reellen Spiel der Freundinnen in jener ersten Zeit physischer Annäherung. Virginia schrieb Vita einen Monat nach jenem einschneidenden Wochenende im Dezember: »Nur sagte ich mir, dass ich auf Gutherzigkeit bestehe. Mit diesem Ziel kam ich nach Long Barn. Öffne den obersten Knopf Deines Trikots, dann wirst Du drinnen ein lebhaftes Eichhörnchen kuscheln sehen, mit den neugierigsten Gewohnheiten, aber gleichwohl ein liebenswürdiges Wesen –«

Die Korrespondenz zwischen den beiden Frauen beweist eindeutig, dass Virginia die Intimität mit Vita nicht nur ersehnte, sondern auch aktiv in die Wege leitete. Vita war anfangs bedenkenlos bereit gewesen, darauf einzugehen, aber Virginia war keine Violet, Dottie oder sonst eine ihrer vielen Geliebten. Vita wusste von Leonard und spürte selbst auch, dass heftige Emotionen Virginia leicht aus dem Gleichgewicht brachten und dies wiederum unberechenbar tragische Folgen mit sich bringen konnte. Vitas Furcht, dass eine ausgelebte Liaison Virginia um den Verstand bringen, wenn nicht gar zum Selbstmord treiben würde, war nicht übertrieben; schon mehrmals hatte Virginia infolge von erschütternden Erlebnissen emotionale Zusammenbrüche erlitten. Äußerstes Feingefühl und Vorsicht waren also geboten, um die Intensität ihrer Beziehung richtig zu kalibrieren, und Vita setzte denn auch wirklich alles daran, Virginias plötzlichem, überwältigendem Gefühlsüberschwang mit liebevoller Vernunft Einhalt zu gebieten. Harold schrieb sie, dass sie Virginia liebe, aber sich nicht in sie verlieben könnte, obwohl oder gerade weil sie einer der geistig aufregendsten Menschen sei, die sie kenne. Aber ebenso klar war ihr nach einem Besuch im Bloomsbury-Zirkel gegen Ende des Jahres, dass sie trotz aller Vorsicht in Virginia ein gefährliches Feuer entfacht hatte: »Virginia liebt Deine Mar [Harolds Name für Vita]. Sie liebt sie wirklich.«

Dieses Feuer scheint Virginia schlecht verborgen zu haben, denn bereits auf der Neujahrsparty bei Dottie musste sich Vita vom beschwipsten Clive Bell die Frage gefallen lassen, ob sie je mit Virginia im Bett gewesen sei. Sie verneinte und hoffte, überzeugend geklungen zu haben, aber der Abend hinterließ in ihr einen bitteren Nachgeschmack und die Befürchtung, dass ihre zarte Liebe im weiteren Freundeskreis belächelt und trivialisiert werden könnte.

Zeit blieb ihr jedoch kaum, sich darüber Gedanken zu machen. Ihre Abreise nach Persien nahte, sie musste packen, letzte gesellschaftliche Verpflichtungen über sich ergehen lassen und Abschied nehmen von Knole, von Long Barn, der Mutter sowie von den beiden Söhnen, die sie zum Trost für ihre lange Abwesenheit in den Zirkus einlud. All dies schmerzte sie, aber nicht so sehr wie der Abschied von der neuen Geliebten, den sie bis zuletzt hinausschob.

Vita reist nach Persien und Virginia interessiert sich für Mode

Am Abend des 19. Januar stattete sie Virginia ihren letzten Besuch ab und ließ, gleichsam als Pfand ihrer Verbundenheit, das beinahe beendete Versepos *The Land* bei ihr zurück. Anderentags bestieg sie zusammen mit Dottie in Victoria Station den Zug und kehrte dem nebligen England auf ungewisse Zeit den Rücken. Bedeutete für Vita das neue Jahr Aufbruch und Abenteuer, verhielt es sich bei Virginia umgekehrt. Keinerlei Veränderung konnte sie vom Trennungsschmerz ablenken, Alltag und Umfeld blieben sich gleich mit dem Unterschied, dass jetzt die Person in ihrem Leben fehlte, die sie am meisten stimulierte. Nicht einmal ein Leierkasten, den sie gleich nach Vitas Abreise im Slum von Bloomsbury zur Aufheiterung erstand, vermochte das dumpfe Gefühl von Verlassenheit zu bannen.

Die Briefe zwischen ihnen zeigen indessen, dass Vita trotz des spannenden Tapetenwechsels mindestens ebenso stark unter der Trennung litt wie Virginia. Sie schrieb Virginia schon am ersten Tag ihrer Zugreise einen sehnsüchtigen Liebesbrief, beschrieb ihr in den folgenden Tagen die in allen Regenbogenfarben schillernden Eisvorhänge von Schweizer Wasserfällen, zehn Minuten Venedig, Triest, dann die schaukelige

Schifffahrt entlang der griechischen Küste, Luxor – und beichtete dazwischen, wie elend und verloren sie sich fühlte: »Ich bin zu einem Ding reduziert, das Virginia will.«

Virginia ging mit dem Trennungsschmerz auf ihre übliche Weise um; sie flüchtete mangels der wirklichen Vita wieder in ihre Fantasiewelt, diesmal in einen farbenprächtigen Orient, in dem sie lebhafte Bilder der Freundin heraufbeschwor: »Ich glaube in diesem Augenblick mehr an Teheran als an Tavistock Square. Ich sehe Dich irgendwie in langem Umhang und in Hosen wie eine abessinische Kaiserin über jene öden Hügel stelzen.«

Vita in orientalischer Kleidung kommt in Virginias Tagebüchern verschiedentlich vor. Im weiteren Sinn ist auch zu beobachten, wie Virginia durch die Bekanntschaft mit Vita überhaupt erst begann, sich über die ästhetische, soziale und kulturelle Wirkung von Kleidern Gedanken zu machen. In *Orlando* wird sie diese zu einem wichtigen Motiv ausgestalten, sie wird Kleider und Verkleidung einsetzen und damit *Orlando* und andere Figuren des Romans abwechselnd offenbaren und verhüllen, definieren und verschwimmen lassen. Aber auch schon vor *Orlando* lässt sich durch Vitas Einfluss in Virginias Prosa eine befreiende Akzentverschiebung feststellen. Im August 1922, also vor Vitas Zeit, stockte die Arbeit an *Mrs. Dalloway* noch, weil Virginia nach einem für sie qualvollen Fotoshooting vom Gefühl überwältigt wurde, dass alles, was die äußere Erscheinung betraf, ihrem Schreiben hinderlich sei: »Komplimente, Kleider …

»… ich glaube, dass erkannt werden wird, dass es sehr viel mehr Menschen meiner Art gibt, als unter dem heutigen System von Heuchelei zugegeben wird.«
Vita Sackville-West

Fotografien, dies sind die Gründe, warum ich *Mrs. Dalloway* nicht schreiben kann.«

In diesem Anfangsstadium war Clarissa Dalloway noch die Hauptfigur einer Kurzgeschichte gewesen, *Mrs. Dalloway in Bond Street*, in der Virginia eine Frau beschreibt, die sich ausschließlich mit der Pflege ihres weiblichen Image befasst. Die Modegeschäfte Londons sind ihr Zuhause, überhaupt die Welt, in der sie ihre Zeit auf der Suche nach teuren Kleidern und Accessoires verbringt, denn einen anderen Lebensinhalt kennt diese erste, im snobistischen Standesbewusstsein gefangene Version von Mrs. Dalloway noch nicht. Bezeichnenderweise beschließt Mrs. Dalloway zu Beginn der Kurzgeschichte, für ihre Abendparty Handschuhe zu kaufen – und nicht Blumen, wie es dann im ersten Satz des Romans heißen wird. Weiße französische Handschuhe mit Perlenknöpfen sollten es sein, exklusive Requisiten für eine Lady aus der Upper Class.

Kleidern haftet in der Kurzgeschichte noch ein negativer Beigeschmack an und entsprechend wird Mrs. Dalloway als frivole und beschränkte Frau porträtiert. Diese Sichtweise spiegelt Virginias eigene Einstellung wider, die sie damals mit anderen Bloomsbury-Mitgliedern teilte, wonach allein Geist und Witz zählten und man, physisch am besten unsichtbar, nur für seine Originalität, Intelligenz und Scharfzüngigkeit geschätzt werden sollte. Unsichtbar wollte damals auch Virginia sein, und denselben Wunsch hegen manche ihrer weiblichen Romanfiguren, allen voran Mrs. Ramsay in *Zum Leuchtturm*, die ganz in ihrer mütterlich-häuslichen Rolle aufgeht und deshalb keinerlei Bedürfnis hegt, sich für gesellschaftliche Zwecke zu schmücken. Auch die Künstlerin Lily Briscoe im selben Roman gibt sich äußerlich unscheinbar, weil sie ihre Zeit ausschließlich der Kunst widmen will.

Virginia selbst plagte die schwierige Vereinbarung von Weiblichkeit und schöpferischer Kraft ein Leben lang, aber während Vitas viermonatiger Abwesenheit machte sie ein paar für ihre Begriffe wagemutige Vorstöße, um ihre Scheu und Vorurteile zu überwinden. Ihre plötzliche Offenheit für modische Fragen wurde zudem von Dorothy Todd, der englischen Chefredakteurin der *Vogue*, gefördert, die Virginia in jener Zeit regelmäßig für Beiträge verpflichtete und gelegentlich zusammen mit ihrer Geliebten Madge Garland zum Arbeitslunch in ein vornehmes Restaurant einlud. Solche Einladungen bedingten indessen den Gang ins Modegeschäft. Welches Kleid kaufen, um vor Todds und Garlands kritischen Blicken gleichzeitig als seriöse Schriftstellerin und elegante Frau zu bestehen? Woher sollte sie wissen, welche Farbe und welcher Schnitt ihr gut standen? Die beiden *Vogue*-Damen beschränkten sich bald nicht mehr auf Kritik, sondern setzten sich in den Kopf, mit Rat und Tat Virginias Image modisch aufzupolieren. »Und nun soll ich in einen Kleiderkauf mit Todd verwickelt werden«, schrieb Virginia kurz vor Vitas Rückkehr aus Persien in ihr Tagebuch, »ich zittere und schaudere ob des schrecklichen Ausmaßes der Aufgabe, auf die ich mich eingelassen habe – zu

»In jedem Menschen findet ein Schwanken von einem Geschlecht zum anderen statt, und oft sind es nur die Kleider, welche das männliche oder weibliche Aussehen gewährleisten.«
Leonard und Virginia Woolf, 1928

einem von Todd empfohlenen Damenschneider zu gehen, sogar mit Todd, wie sie vorschlug, aber da gefror mir das Blut.«

Oft verzweifelte Virginia, nie so schön und elegant aussehen zu können wie die Damen der High Society, und hier und dort schimmert sogar Resignation durch, wenn sie Vergleiche anstellt. Wie Lily Briscoe empfand sie in der Beschäftigung mit ihrer Erscheinung einen Konflikt zu ihrer Kreativität und eine tief verwurzelte Scham, bewunderte aber gleichzeitig Frauen mit gutem Geschmack und natürlich-selbstsicherem Auftreten. Madge Garland scheint es ihr in jenen Monaten besonders angetan zu haben. Als diese einmal in einem gemusterten Zweiteiler aus Seide und einer dunklen Jacke mit passend gemustertem Revers zum Lunch erschien, war Virginia so begeistert, dass sie um Erlaubnis bat, das Kleid für sich kopieren zu lassen, und schon im Juni 1926 konnte sich Virginia in demselben Kleid, wenn auch in einer anderen Farbe, auf Lady Ottoline Morrells Party in Garsington zeigen. Lady Ottoline fotografierte Virginia an diesem Abend fünfzehn Mal. »Sagenhaft elegant«, laut Garland, bewegte sich Virginia an jenem Tag, sichtlich ungezwungen und ohne Angst, vor anderen Gästen zu versagen.

Fortan konnte sich Virginia auf Garland verlassen und Kleider kaufen, ohne Tage davor vor Aufregung weder schreiben noch lesen zu können. Garlands Geschmack für Unikate in kostbarsten Textilien war teuer, doch Virginia, die sonst eher sparsam mit Geld umging, entwickelte plötzlich eine fast mädchenhafte

›Insouciance‹ und bezahlte die exklusiven Stücke, ohne mit der Wimper zu zucken. Der Preis, fand sie, wog die psychische Pein und den qualvollen Gang in die Läden der Oxford Street auf. Eine große Lust auf Stoffe und Formen hege sie, vertraute sie ihrem Tagebuch am 13. Mai 1926 sogar an, und als Vita endlich nach einer abenteuerlichen Reise via Moskau zurück in London war und sie gemeinsam ein Strawinsky-Ballett im Haymarket Theater besuchten, verblüffte Virginia sie mit ihrer extravaganten Ausstattung so sehr, dass sie Harold gleich davon berichten musste: »Es [Virginias Kleid] war wirklich sehr seltsam, orangefarben und schwarz, mit einem passenden Hut – einer Art Strohzylinder mit zwei orangefarbenen Federn, wie Merkurs Flügel – aber – obzwar merkwürdig, stand er ihr seltsamerweise gut und behagte Virginia, weil er absolut keinen Zweifel aufkommen ließ, welches die Vorder- und welches die Hinterseite war.«

Sich Virginia in dieser Ausstattung vorzustellen fällt schwer, so wie auch die Tatsache, dass sie am Schluss von der herausgeputzten Gesellschaft kaum wegzubringen war, nicht so recht ins Bild der introvertierten und scheuen Schriftstellerin passen will. Anlässlich eines anderen Theaterbesuchs, den Vita wiederum ihrem in Teheran ausharrenden Gatten schilderte, positionierte sich Virginia mit ihr sogar in der ersten Zuschauerreihe und berauschte sich an der Menge »... wie Du und ich an Champagner.«

Virginia räumte in diesen Tagen ihren Ideen rund um das Thema Mode mehr Platz ein als in früheren

Werken und genoss es offensichtlich, dieses in lebhaft bunter Sprache auszuschmücken. Vita war es, die sie in die weibliche Welt des schönen Scheins einführte, aber Virginia entwickelte aus diesem persönlichen Ansporn eigene theoretische Überlegungen, die vom ausgeprägten englischen Klassenbewusstsein bis zur geschlechtsspezifischen Rollenverteilung im Laufe der Jahrhunderte und der damit verbundenen geschlechtlichen Identität reichen. Ihr Vorsatz, diesen Fragen ernsthaft nachzugehen, geht auf die Anfangszeit ihrer Bekanntschaft mit Vita zurück: »Aber ich muss mich erinnern, das nächste Mal, wenn ich einen Impuls zum Schreiben habe, über meine *Kleider* zu schreiben«, notiert sie am 14. Mai 1925 in ihr Tagebuch. »Meine Liebe zu Kleidern interessiert mich zutiefst: nur ist es nicht Liebe; & was es ist, muss ich entdecken.« Zwei Jahre später setzte sie ihren Vorsatz um und machte sich, die Geliebte Vita in Orlando gießend, auf ihre eigene persönliche Entdeckungsreise ins Reich der Mode. In Wahrheit aber sollte diese Reise sie in Vitas Wesenheit führen, sind Kleider doch, wie sie schreibt, ein Symbol dessen, was tief darunter verborgen liegt.

Mit Vita vor Augen kam Virginia in ihrer Spurensuche zu dem Schluss, dass Kleider mitnichten so klar widerspiegeln, was sich darunter verbirgt. Im Gegenteil, sie täuschen und verleiten zu Fehlschlüssen. Vita, die *gender fluidity* vorlebte, regte Virginia auf dem Umweg des Modediskurses zur Erkundung dieses Phänomens an; *Orlando* ist gespickt mit sinnlichen Beschreibungen von Stoffarten und modischen Accessoires. Insbesondere nach Orlandos

Verwandlung in eine Frau lässt sich Virginia, von Vitas Kleidungsstil inspiriert, zu üppigen Beschreibungen hinreißen, und in diesen durften Vitas geliebte Perlen, mit denen Virginia jeweils an intimen Abenden am Kaminfeuer gern spielte, nicht fehlen. Die Perlen stehen für Vitas luxuriösen Geschmack, und entsprechend wichtig sind sie auch Orlando; so wichtig, dass das Kleid ihnen angepasst werden muss und nicht umgekehrt: »Dann legte sie die Feder weg und ging in ihr Schlafzimmer, stellte sich vor den Spiegel und legte die Perlen um ihren Hals zurecht. Und da Perlen sich auf einem Morgenkleid aus geblümter Baumwolle nicht allzu vorteilhaft ausnehmen, tauschte sie das Kleid gegen eines aus taubengrauem Taft, dieses gegen ein pfirsichblütenfarbenes und dieses gegen eines aus weindunklem Brokat ... Dann schlüpfte sie in spitze Schühchen und steckte sich einen Smaragdring an den Finger.«

Kleider und Accessoires dienen jedoch nicht in erster Linie dem Kolorit des Textes, sondern der Illustration von Ideen über Schein und Sein, Selbstdarstellung und geschlechtsspezifischem Ausdruck. Letzterer ist natürlich im Lichte von Orlandos Geschlechtsumwandlung in Konstantinopel von besonderem Interesse. Als Frau realisiert sie die von der Gesellschaft aufgezwungenen Einschränkungen erst einmal anhand der Kleider; Männer halten eine Hand frei, um jederzeit das Schwert zücken zu können, während Frauen die ihre nützen, um zu verhindern, dass die Satinstoffe von ihren Schultern fallen. Der Unterschied bestürzt Orlando, weil er in seinem früheren Leben als Mann so viele Freiheiten genossen hat und jetzt sogar aufpassen muss, dass die Kleider seinen Körper ganz verbergen, da sonst – wie Virginia ironisch überspitzt erklärt – ein Matrose beim Anblick ihres Knöchels über Bord fallen würde.

Virginia begnügt sich jedoch nicht damit, witzige Übertreibungen einzustreuen, sondern untermauert diesen Schlüsselmoment des Romans mit zahlreichen theoretischen Gedanken, die vom auktorialen Erzähler erklärend in die Geschichte einflochten werden: »So sehr sich die Geschlechter voneinander unterscheiden, vermischen sie sich doch. In jedem Menschen findet ein Schwanken von einem Geschlecht zum anderen statt, und oft sind es nur die Kleider, welche das männliche oder weibliche Aussehen gewährleisten, während darunter das Geschlecht genau das Gegenteil dessen ist, was es darüber ist.«

Dieser viel zitierte Satz liest sich wie ein Echo auf Vitas Gedanken, den sie am 27. September 1920 in ihren Erinnerungen festhielt. Vita reflektierte in diesem nie beendeten Prosastück über den Augenblick, in dem sie sich ihrer sexuellen *duality* bewusst wurde oder, wie sie es weiter zu formulieren versucht, in dem die Freundin Violet ihr in einem behutsamen Gespräch zur Befreiung der anderen Hälfte ihrer Persönlichkeit verhalf. Violet hatte Vitas lesbische Neigung längst erkannt, aber geduldig einen günstigen Moment abgewartet, um Vita die Augen zu öffnen und sie für sich zu gewinnen. »Ich fühlte mich wie eine verwandelte Person, oder wiedergeboren.« Aus dieser erschütternden Offenbarung entwickelte Vita ihre eigene Theorie über die doppelte Persönlichkeit, in der, wie Virginia sie in *Orlando* darlegen wird, das weibliche und das männliche Element abwechselnd vorherrscht. Während Virginia diese Theorie spielerisch in Literatur einbettete, nutzte Vita die Schilderung ihrer eigenen Erfahrung für ein Plädoyer für mehr Akzeptanz lesbischer Liebe in der Gesellschaft. Vor allem beeindrucken hier ihre zukunftsweisenden Gedanken über *gender fluidity*, wenn man bedenkt, dass sie diese vor einem Jahrhundert niederschrieb: »… weil ich der Überzeugung bin, dass im Laufe der nächsten Jahrhunderte die Geschlechter aufgrund ihrer zunehmenden Ähnlichkeiten immer mehr ineinander fließen werden … und ich glaube, dass erkannt werden wird, dass es sehr viel mehr Menschen meiner Art gibt, als unter dem heutigen System von Heuchelei zugegeben wird.«

Literarischer Erfolg und Rivalität

Vita kehrte am 16. Mai 1926 urlaubshalber nach London zurück. Dottie holte sie im Rolls-Royce ab und fuhr sie in ihre Wohnung, wo Vita, kaum waren die Koffer abgestellt, eine ganze Champagnerflasche kippte und nach eigenen Worten in einen ›schweinischen Schlaf‹ fiel. Sie hatte in Persien nicht nur ihr Versepos beendet und ein neues Buch angefangen, nicht nur fleißig Persisch gelernt und Proust gelesen, sondern in der Botschaft Gastgeberin gespielt, an Reiseexpeditionen teilgenommen und sogar für die bevorstehende Krönung des Shahs geholfen, dessen Palast neu zu streichen. Bei dieser Gelegenheit durften Harold und sie die Schatzkammern besichtigen, was sie für Virginia anschaulich wie einen Besuch von Aladins Höhle darstellte:

»Säcke von Smaragden wurden vor unseren Augen ausgelegt. Säcke von Perlen. *Buchstäblich*. Wir mussten die Perlen aus unseren Schuhen schütteln, als wir weggingen. Stränge ungeschliffener Smaragde. Schwertscheiden mit eingelassenen Edelsteinen. Hohe Priesterkronen. All dies in einem schäbigen Zimmer mit schmuddligen, Tässchen Tee trinkenden Persern ... Es war ganz einfach Tausend und eine Nacht ... Reine Fantasie. Oh, *warum* warst Du nicht da?«

Den Traum, Virginia in dieses märchenhafte Land

zu entführen, hegte Vita immer wieder, doch wusste sie im Grunde, dass Virginia zum Schreiben London und seinen Nieselregen brauchte. Das Bild von Virginia, die beim Abschiedsabend in nebliger Kälte an der Türschwelle ihres Londoner Hauses steht, begleitete Vita auf ihren wilden Erkundungstouren als wertvolles Andenken, doch wenn sie an diesen Augenblick zurückdachte, mischten sich stets auch Zweifel und harte Selbstkritik in ihre Wehmut. Vielleicht bedurfte Virginia keiner Abenteuer, weil sie im Geist so viel erlebte, dachte sie, während sie selbst sich auf jedes aufregende Erlebnis stürzen musste, um die Leere in sich zu füllen und die Oberflächlickeit ihres Talents und Denkens zu maskieren. Diese Vergleiche liefen letztlich immer auf das Minderwertigkeitsgefühl hinaus, das Vita gegenüber Virginias Prosa empfand. Sie gestand der Geliebten, dass sie manchmal nicht wisse, ob sie niedergeschlagen oder ermutigt sein sollte, wenn sie die Werke von Mrs. Woolf lese: niedergeschlagen, weil sie nie so gut schreiben werde, und ermutigt, weil jemand anderes es konnte. Dass sie in diesen turbulenten Reisemonaten ihr Versepos beendete und *Passenger to Teheran* schrieb, war in ihren Augen nichts im Vergleich zu Virginias konzentrierter Arbeit an ihrem Roman *Zum Leuchtturm*, über dessen Entstehung Virginia sie sporadisch auf dem Laufenden hielt. Virginia tat ihrerseits wenig, um Vitas Zweifel abzuschwächen. Es sind etliche wenig schmeichelhafte Äußerungen von ihr belegt, die sie über die Jahre hinter Vitas Rücken machte, während sie umgekehrt Vitas Lob als Selbstverständlichkeit hinnahm und sogar zustimmend antworten konnte: »Ja, manchmal schreibe ich verdammt gut …«

Erst am Tag vor Vitas Besuch erinnerte sich Virginia wieder an deren Epos *The Land*. Sie hatte keine einzige Zeile daraus gelesen. Wie sie dieses Versäumnis rechtfertigte, ist nicht überliefert, und es mag auch durchaus sein, dass beide vor lauter Bangen auf dieses Wiedersehen Vitas Verse einstweilen vergaßen.

Am 20. Mai war es so weit: Vita, die in den Tagen nach ihrer Ankunft die Söhne im Internat besucht und sonstige familiäre Verpflichtungen erledigt hatte, konnte sich an diesem Freitag bei Virginia um 1 Uhr zum Lunch an ihrer Bloomsbury-Adresse einfinden.

Es war kein einfacher Lunch. Virginia spricht vom Schock des Wiedersehens und von der Enttäuschung, die Geliebte nach so langer Zeit wieder in Fleisch und Blut zu sehen. Die Enttäuschung war beidseitig; Vita versuchte sie mit Schweigsamkeit und Virginia als Reaktion darauf mit umso größerer Redseligkeit zu überspielen. Virginia fand Vita schäbig und weniger schön als in der Erinnerung, fürchtete aber zugleich, dass Vita zum selben Urteil über sie kommen könnte. Was dann? War das alles? Diese aufwühlende Anziehungskraft und Faszination, Liebe sogar, sollte all dies nur ein Gedankenspiel gewesen sein? Eine kleine Liaison ohne Folgen, die sich jetzt, bei diesem lang ersehnten Wiedersehen einfach auflöste und nichts als Beschämung zurückließ?

Virginias Ernüchterung bei diesem Lunch spiegelt Vitas eigene wider. Vita empfand sie so stark,

Das Wohnzimmer in Virginia Woolfs Monk's House in Rodmell

dass sie Virginias Einladung nach Rodmell nur zögernd annahm. Nach wenigen Stunden war das Eis jedoch gebrochen, und die Freundinnen verbrachten idyllische Tage zusammen, in denen wiederum Virginia die Initiative zu einem intimeren Verhältnis ergriff. Von ihr selbst erfahren wir darüber nichts, aber dank Vitas bewundernswerter Offenheit gegenüber Harold wissen wir, dass Vita in jenen Tagen mit Virginia schlief. Sie beschreibt ihm, wie sie beide im Wohnzimmer saßen, sie selbst beim Briefeschreiben, während Virginia an einem von der Schwester entworfenen Muster stickte und von Zeit zu Zeit herüberrief: »Du hast genug geschrieben, lass uns jetzt über Geschlechtsverkehr reden …« Was folgte, überlässt Vita Harolds Vorstellungskraft, aber in einem späteren Brief nennt sie die Dinge unverblümt beim Namen. Die Nachricht beunruhigte Harold; moralische Bedenken hatte er zwar keine, und wie die Gesellschaft auf eine neue lesbische Liaison seiner Frau reagieren würde, kümmerte ihn nur bedingt, aber er befürchtete, dass seine leidenschaftliche Vita wieder wie damals mit Violet ein »Kuddelmuddel« anzetteln könnte. Kuddelmuddel war Harolds Bezeichnung für Vitas lesbische Liebschaften, während Vita Harolds homosexuelle Beziehungen ›Spaß‹ nannte. Vita hatte indessen keine Bedenken und fühlte sich auf sicherem Boden. Virginia sei eine viel beschäftigte und vernünftige Frau, schrieb sie Harold zurück, die Gefahr eines Kuddelmuddels bestehe nicht.

Bald sollte auch Vita eine viel beschäftigte Frau werden, denn Virginia wollte ihr Reisebuch *Passenger to*

Teheran im Herbst herausbringen, obwohl sie es noch nicht gelesen hatte, und spornte sie nach der Lektüre an, das Manuskript nochmals kritisch auf ›dunkle Stellen‹ zu prüfen. Vita arbeitete bis zu sieben Stunden am Tag und nannte Virginia liebevoll einen Tyrannen und Sklaventreiber, weil sie ihr 20.000 Wörter in zehn Tagen abfordern wollte. In jenem warmen Sommer bedeutete dies den Verzicht auf Bootsfahrten, Tennis und Schwimmen, doch für einmal machte es Vita nichts aus. Sie wollte, nein, musste ihr Bestes geben, um sich später vor Virginia nicht schämen zu müssen. Die Furcht, Virginias Ansprüchen nicht zu genügen, verunsicherte sie jedoch. Als sie das Manuskript Ende August ablieferte, meinte sie sich dafür entschuldigen zu müssen; es sei wohl schlecht, schrieb sie Virginia, und dabei habe sie sich doch so große Mühe gegeben, ein Buch zu schreiben, das »…1) nicht zu langweilig, 2) nicht zu romantisch und 3) eindeutig sei.«

Vita machte sich umsonst Sorgen, Virginia liebte *Passenger to Teheran*. Reiseliteratur war gerade im Trend, nicht zuletzt dank D.H. Lawrences Italienbüchern *Das Meer und Sardinien* (1921) und *Etruskische Stätten* (1923), und mit Vitas Renommee war der Publikumserfolg des Buches ohnehin garantiert. Aber für eine Veröffentlichung sprachen nicht nur die finanziellen Aspekte. Virginia schätzte Vitas humorvollen Erzählton aufrichtig und fand, dass ihr Sprachstil sich letztlich besser für abenteuerliche Reiseschilderungen eignete als für fiktive Romangeschichten, in denen Vita ihrer wilden Fantasie manchmal allzu freien Lauf ließ.

Vita veröffentlichte in jenem Herbst nicht nur *Passenger to Teheran*, sondern auch ihr großes, zweieinhalbtausend Verse umfassendes Epos *The Land*. Die erste Besprechung im *Observer* war voll des Lobes für die Autorin, und der Literaturkritiker von *The Nation* seinerseits so begeistert, dass er einen größeren Teil des Gedichts in der Zeitung abdruckte. Der Erfolg ermunterte Vita, unverzüglich ein zweites Versepos in Angriff zu nehmen, diesmal nicht über die landwirtschaftliche Arbeit im Laufe der Jahreszeiten, sondern über ihre neue Leidenschaft, die Gartenkunst. Der Ehrgeiz hatte sie gepackt; es sollte ein großes lyrisches Werk werden, in das sie alle ihre Überzeugungen ebenso wie ihre Zweifel hineinlegen wollte. Wer weiß, vielleicht würde sie doch noch in die englische Literaturgeschichte eingehen? Offenbarte sich Virginias literarische Genialität in der Prosa, sollte sich die ihre in der Lyrik zeigen.

Virginia war skeptisch und wollte sich der Freude ihrer Geliebten nicht restlos anschließen. Die Verbindung von literarischer Qualität und kommerziellem Erfolg hatte sie schon immer misstrauisch gemacht, und da sie ohnehin wenig von Lyrik hielt, war sie nicht bereit, *The Land* einen Platz in der Literaturgeschichte einzugestehen. Steckte Neid hinter ihren Vorbehalten? Neid, dass Vita alles unter einen Hut zu bringen vermochte, was eine Frau in einem Leben erfüllen konnte, und auch noch die abenteuerlichsten Reisen mit links in wunderbare Literatur umwandeln konnte? Die Antwort gab Virginia gleich selbst. Sie gestand sich dieses Quäntchen Neid ein, hütete sich aber, diesen in Gesprächen mit Vita durchblicken zu lassen. Stattdessen rückte sie drei Wochen nach der Veröffentlichung von *The Land* mit einer ungebetenen Analyse von Vitas Persönlichkeit und Schreibkunst heraus, die Vita mitten ins Herz traf: »Ist da nicht etwas Undurchsichtiges in Dir? Es gibt etwas, das in Dir nicht vibriert: Das mag vorsätzlich sein – Du lässt es nicht: Aber ich sehe es sowohl bei anderen Leuten als auch bei mir: etwas Zurückgehaltenes, Gedämpftes – Weiß Gott was – Es ist übrigens auch in Deinem Schreiben. Das Ding, das ich grundlegende Transparenz nenne – es versagt dir manchmal auch dort.«

Der Schlag saß. Vitas Freude an ihrem Erfolg war fortan getrübt von Selbstzweifeln und der Einsicht, dass Virginia mit ihrem ›teuflischen, scharfsinnigen psychologischen Angriff‹ womöglich recht hatte. Aber was meinte Virginia genau mit ›grundlegender Transparenz‹? Was fehlte ihr als Lyrikerin denn, um Virginia literarisch das Wasser reichen zu können?

So wie Virginia den Grund ihres Neids verschleiert hatte, überspielte Vita nun ihrerseits die Verletzung vor der Geliebten. Sie bezeichnete Virginia wegen ihres psychologischen Einblicks neckisch als Hexe und Rutengängerin, ohne näher darauf einzugehen, stellte dann gleich in nüchternem Ton Theaterkarten für die Premiere von Strawinskys *L'Oiseau de Feu* in Aussicht und endete mit der inzwischen üblichen sehnsuchtsvollen Erwartung des nächsten Wiedersehens. Diese Antwort steht in starkem Gegensatz zum Brief an Harold, den Vita am Tag davor über diesen Vorfall nach Persien sandte. Nur mit ihm konnte sie vollkommen offen sein und zeigen, welch quälende Selbstzweifel Virginias Worte in ihr geweckt hatten. Virginia sei die ›verdammte Frau‹, die sie durchschaut habe. Und nun wollte sie von Harold wissen, was es sei, das ihr fehle, dieses Etwas, das nicht lebendig werde. Sie brüte und brüte und taste sich durch einen dunklen Tunnel und käme doch nicht darauf. Aber es mache alles, was sie schreibe, ein bisschen unwirklich.

Virginia wird später im Zusammenhang mit Orlandos schriftstellerischen Ambitionen Vitas literarische Selbstzweifel und ein Stück weit auch ihre eigene herablassende Einschätzung in stark ironisierter Form ausgestalten. Orlando wird uns vorgestellt als ein »Edelmann, der an der Liebe zur Literatur laborierte«, und schon als Kind nicht nur alles las, was ihm in die Finger kam, sondern selbst lange romantische Dramen, Chroniken, Romanzen und Gedichte verfasste, und zwar, wie damals die kleine Vita in Knole, auch auf Französisch und Italienisch. Der Erzähler von *Orlando* gibt dem Leser jedoch zu verstehen, dass diese an sich bewundernswerte Vielschreiberei auf Kosten der literarischen Qualität geht. Orlando selbst erkennt dies erst mit fünfundzwanzig Jahren, als er nach langer Zeit wieder einmal seine Werke hervornimmt und sich darin vertieft. Hier schreibt er heroisch, dort schwülstig, hier schlicht, dort affektiert und weiter siedelt er seine Stücke bald im antiken Griechenland an, bald im zeitgenössischen Kent oder Cornwall. Keine Linie, keinen persönlichen Stil vermag er zu erkennen, und so weiß er nicht, »ob er der göttlichste Genius oder der größte Tor der Welt war.«

Das ist, überspitzt, die junge romantische Vita in Knole. Auf diese folgt die Parodie der erwachsenen Vita, die ihre Phase affektierten Geschreibsels überwunden hat und seriös an ihrem Versepos mit dem schlichten Titel *The Land* arbeitet. Virginia lässt auch Orlando an einem Versepos ›laborieren‹, dieses trägt den ebenso schlichten Titel *Die Eiche*. Der Titel ist nicht zufällig gewählt, sondern im Gegenteil mit überdeutlicher Symbolik befrachtet. Der Baum steht für Naturkraft und Langlebigkeit, und tatsächlich überdauert er im Roman die vierhundert Jahre von Orlandos Leben, steht am Ende »größer, massiver und knorriger«, aber immer noch »in der Blüte seiner Jahre« auf dem Hügel von Orlandos Landsitz. Er ist fest im Boden verankert und steht unverändert im Fluss der Zeit, während sich Orlandos Gedicht über ihn den literarischen und kulturellen Moden der Jahrhunderte anpasst. Orlando schreibt das Poem immer wieder um, verwandelt es von Lyrik in Prosa, dann von dieser in ein Drama, um wieder auf die lyrische Form zurückzugreifen. Der Kreis schließt sich aber erst, als Orlando im Oktober 1928 seine Eiche wieder aufsucht mit dem Vorsatz, ein Exemplar der Erstausgabe seiner Verse unter ihren Wurzeln zu begraben. Im Kopf hat er sich bereits eine kleine Grabrede ausgedacht, ein paar Dankesworte »an das Land für das, was das Land mir gegeben hat.« Zuletzt besinnt er sich aber eines anderen, denn er findet die Worte albern, sobald er sie ausspricht. Geheimnisvoller und der Dichtung näher ist der »schmachtende Gesang der Wälder und der Bauerngehöfte und der braunen Pferde am Tor, Hals an Hals, und der Schmiede und der Küche und der Felder …« Diese Erkenntnis schöpfte Virginia direkt aus Vitas Versepos *The Land*, das seinerseits das landwirtschaftliche Leben rund um Knole in elegischer Form verherrlicht. Und wie Orlandos Worte niemals die tiefere Wahrheit von Naturgeräuschen erreichen können, besteht auch zwischen dem Buch selbst als Objekt und der magischen Beschwörungskraft seiner Verse kein innerer Zusammenhang. Das Buch ist ein »kleines biederes Brevier in rotem Leineneinband«, während die Verse Orlando vierhundert Jahre begleitet haben und gewissermaßen die Essenz seiner Person als Dichter geworden sind. Nicht umsonst trägt Orlando das Manuskript stets an ihrer Brust, »wo die Seiten ihres Gedichts sicher versteckt waren.« Das Gedicht ist ihr Herz, aber nachdem es gedruckt und in die Welt hinausgeschickt worden ist, wird das physische Buch wertlos. Orlando macht sich nach dieser Einsicht erst gar nicht die Mühe, es zu begraben, sondern lässt es »unbegraben und zerfleddert« am Fuß der Eiche zurück.

Mit seinen sieben Auflagen und dem *Burdett-Coutts-Gedächtnis*-Preis hat es ihr Ruhm gebracht, und sie lacht am Schluss des Romans vor Erleichterung, weil diese Auszeichnung ihr vierhundertjähriges Bestreben belohnt; als Mann und Frau hat sie Epochen durchlebt und die Kaprizen des Zeitlichen durchlitten, als Dichter aber hat sie den Rang der Unsterblichen erreicht und steht, wie die Eiche ihres Gedichts, noch mit voller Kraft im Leben. Der fiktive Preis entspricht natürlich dem *Hawthornden*-Preis, mit dem Vita im Juni 1927 ausgezeichnet wurde und der in England übrigens noch heute zu den angesehensten Preisen für Schriftsteller und Dichter zählt.

Orlandos Weg zum Dichter ist allerdings sporadisch überschattet von der Begegnung mit Nick Greene, der, sebst ein berühmter Dichter und Kritiker des elisabethanischen Zeitalters, eines von Orlandos Jugendwerken als reines Wortgeschwulst abtut. Als wäre Greenes Urteil nicht schon kränkend genug, wird Orlando kurze Zeit nach dessen Besuch eine Satire aus Greenes Feder überreicht, in der er sich als den jungen Dichter wiedererkennt, der an einem schwülstigen Werk herumlaboriert. Greene besitzt sogar die Dreistigikeit, zur Belustigung seiner Leser ganze Passagen von Orlandos Werk in seine Satire einzubauen. Greene wird im viktorianischen Zeitalter wieder auftauchen und Orlandos Versepos *Die Eiche* nicht nur loben, sondern auch zur Veröffentlichung verhelfen. In dieser Figur, die ihre Meinung so unverfroren den Moden ihrer Zeit anpasst, nimmt Virginia die ganze Gilde der Literaturkritiker aufs Korn und veranschaulicht dadurch die Sinnlosigkeit, Literatur mit Blick auf die Leserschaft schaffen zu wollen. Literatur, die für sich selbst entsteht, ist die einzig wahre, erkennt denn Orlando nach der demütigenden Erfahrung mit Greene, und diese Erkenntnis erst ermöglicht ihr, sich von der Welt abzukehren und das unsterbliche Werk zu erschaffen.

War Vitas *The Land* ein solches unsterbliches Werk? Virginia neigte zu einem Nein, wagte aber nicht, es Vita direkt ins Gesicht zu sagen. Schweigen oder Begeisterung vortäuschen wollte sie indessen auch nicht. Als Vita einmal ihrem Ärger über die Dichterin Edith Sitwell Luft machte, weil diese *The Land* in einem Zeitungsartikel in Grund und Boden gestampft hatte, ergriff Virginia die Gelegenheit, schonend ihre Meinung kundzutun. Ihre Absicht war es wohl nicht, in der Wunde zu bohren, aber Vita konnte aus Virginias Worten sicher keinen Trost schöpfen: »Ich denke nicht, dass Dir wahrscheinlich klar ist, wie schwierig es ist für die natürliche Neuerin wie sie [Edith Sitwell] eine ist, fair zu sein gegenüber der natürlichen Traditionalistin, die du bist.«

Virginia verglich anschließend die hohen Verkaufszahlen von *The Land* mit Sitwells avantgardistischer, aber weniger publikumsfreundlicher Dichtung und lobte Vita im gleichen Atemzug, dass ihr Versepos sich bestimmt wie geschnitten Brot verkaufe. Vita kannte jedoch Virginias Überzeugung nur zu gut und wusste, dass sich gerade in diesem Argument ein Stachel verbarg, waren Virginia doch ausgerechnet traditionsverbundene Publikumslieblinge ein Gräuel.

In ihrem Tagebuch kam Virginia zur Zeit von Vitas Preisverleihung noch einmal deutlicher auf ihre Abneigung zurück: »Ein Preisgedicht – das ist meine spontane Meinung – denn mit ein paar Überbleibseln von Neid, oder es könnte von kritischem Gespür sein, kann ich das Gerede über Dichtung, & sogar große Dichtung nicht ernst nehmen. Aber das Thema & die

Art, so glatt, so mild, ist vielleicht, was ich nicht mag; & vielleicht bin ich verdorben.«

Virginia hatte eine seltsam zwiespältige Einstellung zum kommerziellen Erfolg. In Vitas Fall deutete sie diesen als Zeichen literarischer Anbiederung auf Kosten einer wahrhaftigen künstlerischen Leistung. Auf sich selbst gemünzt war sie weniger streng. Vor allem seit sie mit Leonard die *Hogarth Press* betrieb, bedeuteten Bücher für sie nicht mehr nur Träger von Bildern und Ideen für finanziell gesicherte Leute; Verkaufszahlen sicherten die Zukunft des Verlags oder konnten dessen Untergang bedeuten, und so beobachtete sie mit zunehmendem Interesse die Wirkung gezielter Werbekampagnen – Rezensionen in den besten Zeitungen, Werbebroschüren an literaturinteressierte Freunde und Bekannte –, die den Verkauf ihrer Bücher ankurbeln konnte. Nicht nur verfolgte sie mit unverhohlenem Stolz den eigenen, stetig wachsenden Erfolg, sondern auch die immer beträchtlicheren Summen, die sie mit ihren Romanen, Essays und Kritiken verdiente. *Mrs. Dalloway* und *Der gewöhnliche Leser*, die beide im Jahr 1925 erschienen, brachten Virginia bespielsweise genug ein, um in ihrem Landhaus in Rodmell zwei Toiletten installieren zu können. Beide seien Vita gewidmet, schrieb sie der Geliebten augenzwinkernd und hoffte, dass ihre bescheidene Kate einer Aristokratin nun etwas würdiger sei. Vita erzählte Harold nach ihrem nächsten Besuch in Rodmell übrigens belustigt, wie Leonard und Virginia regelmäßig das Gespräch unterbrachen und nach oben gingen, um die Toilettenspülung zu tätigen, und beim Herunterkommen mit kindlicher Freude kommentierten, wie gut sie funktioniere. Im Mai 1927 notierte Virginia zudem, dass *Zum Leuchtturm* sich schon vor Erscheinungsdatum 1.690 mal verkauft habe und im darauffolgenden Monat, nach 2.200 verkauften Exemplaren, bereits eine neue Auflage gedruckt werden müsse. Die Woolfs kauften sich mit dem Erlös einen neuen Wagen, und Vita gab Virginia ein paar Fahrstunden im Londoner Regent's Park. An keiner Stelle setzt Virginia hier ihren kommerziellen Erfolg mit verminderter literarischer Qualität in Zusammenhang. *Zum Leuchtturm* fand sie ihr bisher bestes Buch, und während der Überarbeitung ging sie sogar so weit zu denken, dass sie darin ihre Schreibmethode zur Vollkommenheit verfeinert habe. In diesem Licht betrachtet, scheint ihr Urteil über Vitas Erfolg besonders hart und die Tatsache, dass sie Vita immer wieder an die mindere Qualität ihrer Literatur erinnern musste, wenig kollegial.

Vita hätte Virginia die kleinen Seitenhiebe übel nehmen können; dass dem nicht so war, ist ihrem großzügigen Charakter anzurechnen und ihrer bescheidenen Selbsteinschätzung in allem, was mit Literatur zu tun hatte. Vita war voll aufrichtiger Bewunderung für Virginias überlegene Begabung und strebte in ihrer Beziehung wie eine Schülerin danach, geistig und künstlerisch vom Wissen der Meisterin zu profitieren. So oft klagt sie in Briefen an Harold und an Virginia, aber auch in ihrem Tagebuch, dass ihr Kopf leer sei, ihre Prosa nur minderwertiges Gefasel. Und wenn sie

»Ja, manchmal schreibe ich verdammt gut ...«
Virginia Woolf mit ihrem Mann Leonard

Virginia von ihrem Schreiben erzählt, dann tut sie es nie ohne eine abschätzige Bemerkung, als wollte sie Virginia zuvorkommen.

Schülerhaft klingen sowohl Vitas Lobreden auf Virginias Prosa als auch die Berichte über ihre eigenen Bemühungen, wie etwa am 29. Januar 1927: »Ich werde so hart arbeiten, teilweise um Dir zu gefallen, teilweise um mir zu gefallen, teilweise um die Zeit zu vertreiben und etwas dafür vorweisen zu können. … Es ist wirklich wahr, dass du intellektuell unendlich viel größeren Einfluss auf mich ausgeübt hast als sonst jemand, und allein schon dafür liebe ich Dich … Du magst es, wenn ich gut schreibe, nicht wahr? Und ich hasse es schlecht zu schreiben – und in der Vergangenheit so schlecht geschrieben zu haben. Aber jetzt, wie Königin Victoria, werde ich gut sein.«

So sehr sich Vita jedoch anstrengte, vermochte sie den Ansprüchen ihrer Meisterin und Geliebten nicht wirklich zu genügen. Virginia änderte ihre Meinung nie, auch wenn sie und Leonard weiterhin bereit waren, Vitas Werke in der *Hogarth Press* herauszubringen. Somit waren die Weichen gestellt für eine literarische Rivalität, in der die Rollen zu erstarren drohten; aber noch konnte Vita auf ihre Anziehungskraft bauen, um Virginia an sich zu binden. Meist genügten zärtliche Liebesbeteuerungen oder, besser noch, die Schilderung einer kleinen ›folie à deux‹, die ganz und gar unmöglich war und deshalb Virginias Fantasie umso lebhafter anregte. An Weihnachten 1926 war es ausnahmsweise einmal Vita, die krank im Bett lag, und während ihre Familie unten im Wohnzimmer feierte, lud sie Virginia von ihrem Bett aus mit unzweideutiger Absicht zu einem Besuch ein: »Ich liege da und schmiede schöne Pläne ... mein Bett ist mindestens neun Fuß breit, und ich fühle mich wie die Prinzessin und die Erbse, – nur ist da keine Erbse. Es ist ein Himmelbett, das ich gänzlich mag. Komm und vergewissere Dich selbst.«

Virginia folgte dieser Einladung nicht, sie verbrachte Weihnachten mit Leonard bei Freunden in Cornwall, aber als Vita ein paar Tage in Knole inklusive eines romantischen Vollmonds vorschlug, bevor sie wieder für längere Zeit zu Harold nach Persien reiste, schlug Virginia alle Bedenken in den Wind und sagte zu. Mochte sie lächerlich wirken in ihren schäbigen Kleidern, mit ihren fallenden Haarnadeln und dem bröckelnden Puder, mochte sie auch unter erlesener Gesellschaft keinen Moment allein mit der Geliebten verbringen können, egal; auf die Gefahr hin, dass Vita sich ihrer schämen müsste, wollte sie kommen. »Ich will Dich sehen, ich will – ich will.«

Vita und Virginia weilten nicht allein in Knole. Vitas Vater Lord Lionel Edward Sackville-West und seine Geliebte, die Sängerin Olive Rubens, empfingen sie, man aß und konversierte zu viert an vornehmer Tafel, aber ansonsten waren die beiden Frauen frei, zusammen durch den Park zu schlendern, durch die weiten Korridore zu laufen und Blicke in die abgedunkelten Räume zu werfen. Sie durchstreiften das ganze Haus, schrieb Vita nach Persien und erzählte, wie gut Virginia sich mit ihrem Vater verstanden habe. Lord Sackville-West fand tatsächlich Gnade in

Virginias Augen, sie sah in ihm den typischen englischen Adligen, verweichlicht, geglättet, aber in seiner bescheidenen Art ehrenhaft. Über Olive verliert sie kein Wort, dafür wendet sie ihre Aufmerksamkeit zuerst dem Anwesen zu und dann Vita, die sie in ihrem eigenen Ambiente regelrecht verzauberte: »Vita, die in ihrem türkischen Kleid durch den Korridor schreitet, begleitet von jungen Knaben und diese vorwärts treibt, als wäre sie ein hohes Schiff – eine Art Brut des vornehmen englischen Lebens; zankende Hunde, drängende Kinder, alles sehr frei & stattlich: & ein Karren, der Holz herbeifährt, das von der großen Kreissäge zerspalten werden soll ...«

Diese gegenwärtige Erscheinung verfolgt Virginia bis ins elisabethanische Zeitalter zurück. Vita erklärt ihr, dass das Holz seit Jahrhunderten aus dem Park geholt wurde, um die Kaminfeuer des Hauses zu nähren, und ihre Vorfahrinnen, genau wie sie selbst, im Schnee spaziert seien mit ihren großen springenden Hunden zu ihren Seiten.

Diese Stunden Ende Januar 1927, die Virginia mit Vita im verschneiten Park und in den muffigen Zimmern von Knole erlebte, bestärkten und erweiterten die inneren Bilder, die sich langsam zur Idee für ein neues Werk zusammenfügten. Alle wichtigsten Elemente von *Orlando* konvergieren in der Vision von Vita im türkischen Kleid. Das Wort ›Vision‹ ist nicht ungefähr gewählt, denn für Virginia enthielt dieser Augenblick nicht nur die gegenwärtige Vita, sondern alle Adelsfrauen der vergangenen Jahrhunderte, und mit ihr alle Kinder, Bauern und Hunde, die je in Knole gelebt und gearbeitet hatten. Die Zeit stand still, oder, um Virginias Empfindung präziser zu veranschaulichen: Der gegenwärtige Moment war nicht das letzte Element einer linearen Aufreihung von Momenten, sondern enthielt diese gesamthaft in sich, und das Bewusstsein konnte, je nachdem, die Dauer einer Stunde hundertfach lang hinausdehnen oder auf eine Sekunde drosseln.

Die subjektiv erlebte Zeit hatte Virginia bereits einen Monat zuvor als Grundlage für einen neuen Text erwogen. Die Überarbeitung von *Zum Leuchtturm* war abgeschlossen, als sie von der Vorstellung eines ›halb mystischen‹ Lebens einer Frau heimgesucht wurde, die in einem Guss erzählt werden sollte. Der Text würde sich in vollkommener Zeitlosigkeit ansiedeln und die Zukunft irgendwie aus der Vergangenheit sprießen. »Denn meine Theorie ist, dass das gegenwärtige Begebnis praktisch nicht existiert – und die Zeit ebenso wenig. Aber ich will dies nicht erzwingen.«

»Über die Stränge schlagen, und zwar gewaltig«

Schon wenige Tage nach der beglückenden Zeit im winterlichen Knole musste Vita ihre Koffer für Persien packen. Sie hasste und fürchtete diese Reise, die sie für mehrere Monate von Virginia fortreißen würde, und schrieb noch am Tag ihrer Abreise, nachdem sie den ganzen Morgen mit Virginia verbracht hatte, zwei Briefe voll heißer Liebesbeteuerungen an »mein Darling, meine liebliche Virginia«. Sie verdammte sich selbst und ihre Liebe, die sie so tief schmerzte, und wünschte sich, sie könnte Virginia weniger lieben, um es im nächsten Satz gleich wieder zurückzunehmen und zu beteuern, wie dankbar sie sei zu lieben, obwohl der Abschied ihr das Herz aus der Brust gerissen habe.

Virginias anfängliche Reaktion auf die Trennung fiel ruhiger, ja fast schon distanziert aus. Sie antwortete erst auf Vitas vierten Brief und erzählte weniger von ihren Gefühlen als aus ihrem Alltagsleben, das nach Vitas Abreise plötzlich so geschäftig geworden sei, dass sie kaum an die Trennung denken könne. Worüber sie jedoch umso intensiver nachdachte, während Vita mit dem Zug durch die verschneiten Landschaften von Polen und Russland eilte, war ihre Unzufriedenheit, im Moment an keinem längeren

Text zu arbeiten. Journalismus sei eine derart dünne und anstrengende Sache, stellte sie fest, und wenn sie den Deckel ihres Geistes lüftete, um zu sehen, ob sich darin nicht ein langsamer Fisch rege – ein neues Buch, musste sie zugeben: Im Moment regte sich nichts.

Virginias Gefühle ließen sich jedoch nicht lang in Schach halten; ein paar Tage ohne Vitas Briefe, und schon begann sie sich Sorgen um die Geliebte zu machen, sah sie schon von Räubern zerfleischt, in Stücke gehackt und aufgegessen – ja, tatsächlich – und versicherte Vita, die sich vielleicht ihrerseits über Virginias Kühle wunderte: »Ja, ja, ja, ich mag Dich. Ich fürchte mich, das stärkere Wort zu schreiben. Deine Virginia«.

Sowohl Vitas Beschreibungen ihrer ausländischen Abenteuer als auch die Idee von einem in Zeitlosigkeit schwebenden Text mündeten Mitte März in die erste konkrete Idee für einen neuen Roman. Virginia gab ihm den vorläufigen Namen ›Die Jessamy-Bräute‹ und sah nun, statt des halb mystischen Lebens einer Frau, zwei Frauen, die, arm und einsam, von ihrem Haus aus Londons Tower Bridge, Wolken und Flugzeuge, aber auch Konstantinopels goldene Dome sehen konnten. Dies sei eine Fantasie, geschrieben in der Art von Defoe und in der Sapphismus angedeutet und alles in satirischem Ton behandelt würde, notierte Virginia in ihrem Tagebuch. Ohne jeglichen Anspruch auf Realismus würde der Roman sogar ihre eigene lyrische Ader auf die Schippe nehmen. Was für ein Spaß, etwas zu schreiben, das keinerlei Ansprüche an Kohärenz hätte. Welch wunderbare Erholung nach *Zum Leuchtturm* und vor der

Inangriffnahme dieses noch unfassbaren, aber bereits belastenden Prosatextes – *Die Wellen* –, der, einer Symphonie gleich, in mehreren Stimmen eine einzige tiefe Wahrheit singen wird. Bevor sie sich in dieses schwierige Unterfangen stürzte, wollte sie einmal wenigstens ausbrechen und »über die Stränge schlagen und zwar gewaltig«.

Dass sie im Zusammenhang mit ihrem Fantasietext Daniel Defoe als Vorbild erwähnt, ist aufschlussreich. Es zeigt mitunter, dass in der vordergründigen Geschichte zweier lesbischen Frauen und dem Blick auf Konstantinopel die Idee von Vita als einer willensstarken, abenteuerlustigen und von konventioneller Moral befreiten Hauptfigur bereits Form anzunehmen begann. Defoes 1722 erschienenen Roman *Moll Flanders* bezeichnete Virginia einmal als einen der wenigen, den man unbestreitbar großartig nennen dürfe. Darin liefert der Autor das Porträt der Heiratsschwindlerin und Taschendiebin Moll Flanders, die unter Prostituierten und fahrendem Volk verkehrt, aber ihr Leben selbst in die Hand nimmt, um finanzielle Unabhängigkeit zu erreichen. Trotz ihres moralisch fragwürdigen Lebenswandels kommt Moll als sympathische Romanfigur herüber, und gerade diese Mischung von wildem Außenseitertum und liebenswertem Charakter erhebt Moll zur Wegweiserin für zukünftige starke Frauenfiguren und verleiht dem Roman einen feministischen Grundton, der in der englischen Literatur neu ist. Defoe war aber auch ein großes literarisches Vorbild von Virginias Vater, dem Historiker Leslie Stephen, dessen unerbittlich hohe Messlatte in Sachen Literatur sich bekanntlich hemmend auf Virginias erste Schreibversuche ausgewirkt hatte. Noch lange, nachdem er gestorben war, erinnerte sich Virginia an seinen Ausspruch, wonach Literatur, die nicht einzigartig und hervorragend sei, keine Literatur sei, und erzählte, wie groß ihre Angst war, vor ihm auch posthum zu versagen. Die Idee also, einen Text nach allen Regeln der literarischen Tradition zu verfassen, die Leslie Stephen heilig gewesen waren, und diese dann aber zu verspotten, löste in Virginia eine fast mädchenhafte Euphorie aus; sie erkannte, noch bevor sie ein Wort geschrieben hatte, dass dieser Roman einem Akt der Rebellion gegen den Vater und die verstaubten literarischen Konventionen der Viktorianer gleichkommen würde.

Aber der Text, der in ihrem Kopf langsam Gestalt anzunehmen begann, war nicht nur ein Roman. Virginia spricht von einem Text, in dem alles wirr durcheinander hineingeworfen und geschrieben werden sollte wie eiligst verfasste Briefe. Schnell schreiben wie Vita wollte sie, und eine Art Brief sollte es werden, aber wer der Schreiber war und wer der Empfänger in dieser literarischen Eskapade, das war Virginia Mitte März 1927 noch nicht klar.

Einstweilen versuchte sie sich von den Strapazen von *Zum Leuchtturm* zu erholen, wohl wissend, dass nach Abschluss eines Romans gewöhnlich ein Tief mit heftigen Kopfschmerzen und dunklen Gedanken lauerte, das sie Tage, wenn nicht Wochen zur Untätigkeit zwang. Immerhin hatte sie Vitas Briefe und konnte sich anhand von deren lebhaften Beschreibungen

»Ja, ja, ja, ich mag Dich. Ich fürchte mich, das stärkere Wort zu schreiben. Deine Virginia«.

nach Russland ans Ufer der zugefrorenen Moskva versetzen, in Gedanken die Schlitten und die eingemummten Kutscher sehen und Vita selbst, die sich für eine Dinnerparty umziehen musste oder tausend Kilometer mit ihrem Wagen durch die Wüste fuhr, von Teheran über die Bachtiyari-Berge bis nach Abadan, wo Harold sich für eine Stelle in der aufstrebenden Ölindustrie beworben hatte.

Vitas Briefe sind spritzige Momentaufnahmen eines Lebens voller Widersprüche, in dem sie bald ins Ballkleid, bald in Kakihosen schlüpft, einmal sich, Champagnerglas in der Hand, auf Französisch und Englisch mit Botschaftern und Ministern unterhält, und anderentags schmutzig und sonnengebräunt in einem Wüstencamp Eier kocht, den Büchsenöffner sucht, Shiraz-Wein aus der Korbflasche trinkt und sich von einem einheimischen Anbeter auf Persisch besingen lässt. »Ein sehr gutes Leben, Virginia«, versichert sie der Geliebten, aber über all dieser wunderbaren Exotik schwebte die dunkle Wolke der Trennung. »Bitte, vermisse mich«, schreibt Vita und beichtet ihr, dass sie morgens beim Aufstehen immer ihren Namen ins persische Morgengrauen haucht. Das war Balsam auf Virginias Seele. Die Zeiten sittsamer Zurückhaltung schienen überwunden zu sein, Virginia spricht Vita jetzt mit ›Sweet Honey‹ oder ›Darling Honey‹ an und scheut sich nicht zu schreiben: »Ja ich will Dich mehr und mehr. Du wirst es mögen zu denken dass ich unglücklich bin, ich weiß es. Nun, du darfst es denken …«

Vitas Rückkehr aus Teheran fiel ziemlich genau mit Virginias Rückkehr von einer einmonatigen Urlaubsreise mit Leonard aus Frankreich und Italien zusammen. Das Ehepaar hatte Virginias Schwester und deren Familie in Cassis besucht und war von dort weiter nach Rom, Palermo, Siracusa und Neapel gereist. Für Virginia bedeutete die Reise eine erholsame Abwechslung von ihrem Schriftstellerleben und einen Monat vollkommenen Glücks. Sie liebte alles in Italien, Rom vor allem, aber auch die ungezwungene Lebensart, die Schönheit der Architektur und die Tatsache, dass niemand wusste, wer sie war. Als Vita von Virginias Urlaubsplänen erfuhr, war ihre erste Reaktion Eifersucht. Eifersucht auf Leonard, dass er einen ganzen Monat gemeinsam mit Virginia im Süden verbringen durfte und sie nicht. Aus diesem Gefühl heraus machte sie nun vom fernen Persien aus einen erneuten Vorstoß mit ihrem Plan, einmal allein mit Virginia im Ausland Urlaub zu machen: »Bitte, denk an mich, wenn Du im Süden bist, und an den Spaß, den wir haben würden, haben *werden*, wenn Du zu Deinem Plan hältst und im Oktober mit mir ins Ausland gehst, – Sonne und Cafés den ganzen Tag, und ? die ganze Nacht. Mein Liebling … bitte lass diesen Plan gelingen. Ich lebe dafür …«

Die ersten Wochen nach Vitas Rückkehr waren allerdings überschattet von Virginias angeschlagener Gesundheit. Den ganzen Monat Mai litt sie unter heftigen Kopfschmerzen und musste unter Leonards strenger Aufsicht wieder einmal ihre Besuche einschränken. Vita schickte ihr Blumen und erging sich in ausschweifenden Komplimenten über

Zum Leuchtturm, dessen Genialität sie ihre eigenen misslungenen lyrischen Versuche entgegenstellte. Im Grunde jedoch fühlte sich Vita bei aller Bewunderung für das geliebte Genie frustriert, dass Virginia so oft krank war. Selbst nur so vor physischer Energie überbordend, war es ihr kaum möglich, sich in Virginias Körper und Geist hineinzuversetzen, aber wenigstens wollte sie ihr nicht verheimlichen, wie sehr diese spärlichen, von Leonard sorgfältig geplanten Visiten sie zermürbten: »Mein armer Liebling – ich hasse diese verdammten Kopfschmerzen, die Du bekommst. Ich wünschte mir, Du wärest ROBUST.«

Aber Virginia war nicht robust, und spontane Abenteuer, für die Vita eine ausgesprochene Vorliebe hatte, passten nicht in ihr diszipliniertes Schriftstellerdasein. Vita träumte davon, sich eines Nachts durch Virginias Fenster in ihr Schlafzimmer zu schleichen und unerkannt um fünf Uhr früh mit ihrem Wagen wieder davonzubrausen. Solche Romeo-und-Julia-Geschichten waren in der Literatur schön und gut, und sicher fühlte sich Virginia geschmeichelt, in Vita solch ungestümes Verlangen zu wecken, aber um selbst Julia zu spielen, fühlte sich Virginia zu gebrechlich und letztlich, wie sie zugeben musste, zu alt.

Nach Vitas Rückkehr aus Teheran konnte Virginia lakonisch in ihrem Tagebuch vermerken: »Vita zurück; unverändert ...«. Trotz der Wiedersehensfreude, trotz der heißen Liebesbriefe, waren der Altersunterschied und vielleicht mehr noch der Unterschied ihrer Lebensenergien jedoch plötzlich nicht mehr zu übersehen. Persien hatte Vita einen wahren Kraftschub gegeben; Harold weilte in England, es war Frühling und der Garten musste neu bepflanzt werden, es gab Tennispartys und Dinners in der Stadt, und selbstverständlich ein neues Buch über Persien zu schreiben, und da war noch diese erotisch aufgeladene Energie in ihr, für die Virginia wegen ihrer Kopfschmerzen und sonstiger Unpässlichkeiten nicht voll empfänglich war. Wohin also damit? Zu einem Ausflug nach Oxford am 18. Mai mit Übernachtung im noblen Clarendon Hotel konnte sich Virginia überzeugen lassen, aber auch nur, weil sie dort einen Vortrag zu halten hatte. Wieder war Virginia von Vitas rassiger Erscheinung verzaubert, doch gleichzeitig fand sie in den intensiven Gesprächen mit ihr eine gewisse Genugtuung in der Bestätigung, dass sie von beiden die intellektuell Überlegene war. Vita habe ein Herz aus Gold, aber ihr Geist sei langsam, wenn auch hartnäckig, schrieb Virginia ihrer Schwester nach der Rückkehr aus Oxford. Möglicherweise war es eben wegen dieser Mischung von Langsamkeit und Hartnäckigkeit, dass Virginia nun begann, Vita bisweilen als ›Esel West‹ oder ›Liebling-West-was-für-ein-Esel-Du-bist‹ anzusprechen.

Die kleine Oxforder ›folie à deux‹ verzauberte auch Vita, aber was waren schon ein paar gemeinsame Stunden in der schönen Universitätsstadt, eine einzige Nacht? Kaum wieder zuhause, bat sie Virginia, bei ihrem nächsten Besuch in Long Barn nicht eine, sondern mindestens zwei Nächte zu bleiben, nein wünschte sich gar, Virginia könnte längere Zeit bei ihr wohnen, und versprach ihr, dass sie für sie sorgen und sie in Ruhe würde arbeiten lassen. Der Wunsch blieb natürlich unerfüllt, denn Virginia hatte, wie sie glaubte, »… das glücklichste der Leben, nun, da ich die Stabilität entdeckt habe.« Sie meinte damit ihr Leben mit Leonard, der sie vor allzu heftigen Gefühlsstürmen schützte, und in dem Vita niemals einen festen Platz würde einnehmen können. Wollte Vita ihre leidenschaftlichen erotischen Gefühle voll ausleben, musste sie sich also wohl oder übel anderswo umschauen.

Vitas Untreue und Orlandos Geburtsstunde

Fünf Tage nach der kurzen Oxfordidylle luden Vita und Harold ein Ehepaar zum Abendessen ein, mit dem sie kurz zuvor im Postamt ihres Dorfes Wealde ins Gespräch gekommen waren. Roy Campbell war kein Unbekannter, Vita hatte im Vorjahr seinen vielversprechenden Gedichtband *Die flammende Sumpfschildkröte* gelesen und freute sich nun, die zufällige Bekanntschaft mit dem jungen Dichter auf nachbarschaftlicher Ebene vertiefen zu können. Außerdem hatte er eine wunderschöne Frau, was in Vitas Augen nie schaden konnte.

Ursprünglich aus Südafrika, war Campbell mit siebzehn Jahren zur Ausbildung nach England geschickt worden, wo er statt zu studieren in die literarische Boheme driftete und bald darauf mit Mary Garman in wilder Ehe zusammenlebte. Mary kam aus gutem Haus und hatte in einem riesigen Anwesen in den Midlands eine ähnlich behütete Kindheit erlebt wie Vita, doch im Unterschied zu dieser hatte sie sechs jüngere Geschwister und scherte sich keinen Deut um materiellen Luxus. Mit ihrer Schwester Kathleen hatte sie Silberbesteck, Schatullen und antike Vasen entwendet, um sich im Dorf Zigaretten zu kaufen und ihre Abende im Pub verbringen zu können, und mit

»Vita sollte Orlando sein.«
»Lady with a red hat« von William Strang,
Porträt von Vita Sackville-West

einundzwanzig beziehungsweise siebzehn Jahren waren sie zusammen von zuhause ausgerissen und hatten sich in London mehr schlecht als recht als Kunstmodels durchgeschlagen. Bei jenem Abendessen waren auch Virginia und Leonard sowie der Dichter Richard Aldington zugegen. Mary empfand die Woolfs als »intellektuelle Wölfe im Schafspelz« und alles in allem als »nicht sehr menschlich«. Die Vorbehalte beruhten, zumindest was Virginia angeht, auf Gegenseitigkeit. Für sie war Mary ganz einfach »Treibholz«.

Roy schaute vielleicht etwas zu tief ins Glas für den Geschmack der Nicolsons, aber es scheint, dass sich die beiden Paare an diesem Abend so gut verstanden, dass Vita und Harold den Gästen ihr Cottage am Ende des Gartens auf unbestimmte Zeit mietfrei zur Verfügung stellten. Roy und Mary, die gerade einen finanziellen Engpass durchlebten, nahmen das Angebot dankend an und zogen mit ihren beiden kleinen Töchtern ein.

In den nächsten drei Monaten lernten die Nicolsons und Campbells einander bei sporadischen Zusammentreffen etwas näher kennen, aber Harold weilte oft in London bei seinem Liebhaber und Vita hatte sich vorgenommen, gleich zwei Bücher zu schreiben. Solange ihre Erinnerungen an Persien noch frisch waren, wollte sie diese in Form eines humorvollen Rückblicks festhalten. Mit *Twelve Days* gelang es Vita, innerhalb von nur wenigen Monaten einen wahren Klassiker der Reiseliteratur zu schreiben, der sich dann, von Virginia und Leonard im nächsten

Jahr mit Fotos der Autorin herausgegeben, ebenso gut verkaufen sollte wie *Passenger to Teheran*. Daneben verfasste sie aber auch eine umfangreiche Biografie von Aphra Behn, einer Frau, die Vita ihres Mutes und abenteuerreichen Lebens, aber sehr viel weniger ihrer Werke wegen bewunderte. Dieses Buch schloss sie innerhalb von drei Monaten ab. Danach fühlte sie sich »frei wie eine Lerche« und machte sich daran nachzuholen, was in diesen intensiven Schreibzeiten zu kurz gekommen war: der Garten und, ja, die Kinder, mit denen sie nach ihren eigenen Worten »wieder nett sein« wollte. Aber kaum ein Tag war vergangen, seit sie *Aphra Behn* zur Post gebracht hatte, als sich neue Energien in ihr zu regen begannen: »Gott verdamme diese Energie, Gott sei dafür dank.«

Brodelnd vor Unternehmungslust versuchte Vita, ihre geniale Geliebte in Rodmell für allerlei Abenteuer und Reisen zu gewinnen, aber Virginia hörte zuhause Beethoven-Sonaten und brütete über Bedeutung und Symbolik von Nachtfaltern für eine Geschichte, die ihr gerade vorschwebte. Und dann hatte Virginia gar die Unverschämtheit, nicht mit ihr, sondern mit Leonard nach Frankreich zu reisen und eine Woche bei der Malerfreundin Ethel Sands in Dieppe Urlaub zu machen. Kühlten Virginias Gefühle für sie ab? Gab es jemand anderes in ihrem Leben? Jener reiche Herr mit der Adlernase etwa, von dem Virginia ihr erzählt hatte und dessen Liebesbrief sie hatte erröten lassen »wie ein fünfzehnjähriges Mädchen«? Wenn dem so war, dann würde sie sich ebenfalls in ein Liebesabenteuer stürzen: »Ich scherze wirklich nicht. Wenn Du nicht aufpassest, wirst Du mich in eine Affäre verwickeln, die mich schrecklich langweilen wird. Wenn Du andererseits nett bist, werde ich meinem Briefschreiber den Laufpass geben. Aber ich werde nicht mit mir scherzen lassen. Es ist mir wirklich ernst.«

Zum Zeitpunkt, als sie diese Zeilen schrieb – es war der 8. August 1927 –, hatte Vita mindestens schon eine Untreue mit einer anderen Frau auf dem Gewissen. Eine Nacht mit der Geliebten von Virginias Schwager Clive blieb ohne Folgen, außer dass Mary Hutchinson ihre Perlenkette auf Vitas Nachttisch vergaß. Eine andere Mary war jedoch bereit, Vitas Herz zu erobern, und sie tat dies ohne Umschweife, kaltblütig und so, wie sie bis dahin ihr Leben gelebt hatte: ohne jegliche Rücksicht auf ihre Mitmenschen. Mary Campbell verfügte auf den ersten Blick über alle Vorteile, um Virginia auszustechen. Sie war jung – sechs Jahre jünger als Vita –, hatte eine starke erotische Ausstrahlung und vor allem wohnte sie buchstäblich gleich nebenan. Das einzige Problem war Roy. Roy hatte weder Harolds Nonchalance noch die Großmut, über die Eskapaden seiner Frau hinwegzusehen. Mary betrachtete er als seinen Besitz, und wenn sie fremdging, rastete er aus und drohte mit Selbstmord oder schlug wild um sich. Mary und Roy blieben bis zu seinem frühen Tod im Jahre 1957 ein Paar, aber Marys Affäre mit Vita stellte die Ehe auf eine harte Probe und zog nicht nur Roy und die beiden Töchter in Mitleidenschaft, sondern von Ferne bald auch Virginia. Vita, die im Mittelpunkt der Turbulenzen stand, hatte jedoch keine moralischen Bedenken, gleichzeitig eine intensive lesbische Beziehung zu Mary auszuleben und mit Virginia auf einer nicht minder intensiven geistigen Ebene verbunden zu bleiben. Beide Frauen befriedigten verschiedene Bedürfnisse ihres Wesens, und diese innere Spaltung erlaubte ihr, ohne Gewissensbisse über die herkömmlichen bürgerlichen Kriterien ehelicher Treue hinwegzusehen. Außenseiter mochten in ihr eine treulose Gattin und doppelt treulose Geliebte sehen; es kümmerte sie nicht. Solange sie sich selbst treu blieb und einen Weg fand, Harold die ganze Geschichte schonend beizubringen, hatte sie sich nichts vorzuwerfen. Harold, der zuerst vollkommen ahnungslos war, was sich unter seinem Dach abspielte, und später als Gesandter des diplomatischen Dienstes von Berlin aus Vitas neues »Kuddelmuddel« verfolgte, bewahrte zum Glück kühlen Kopf und baute ganz auf Vitas »positive Begabung für *dauerhafte* Beziehungen.«

Vielleicht hatte sich Vita diesmal überschätzt; Mary erwies sich als eine unerwartet anstrengende Geliebte. Liebesbedürftig wie ein kleines Kind, stellte sie allerlei Ansprüche an Vita, wollte ständig von ihr umhegt und gehätschelt werden und eilte zu ihr, um Rat und Hilfe bittend, wenn der betrunkene Roy mit dem Messer auf sie losging oder mit Scheidung drohte. Dottie, die treue Seele, war bisweilen Zeugin solcher Stürme und hielt die Nacht hindurch Wache mit der Schrotflinte auf dem Schoß, um Vita zu schützen.

Während Vita ihr kompliziertes Liebesleben unter Kontrolle zu halten versuchte, genoss Virginia die Fahrten mit Leonard in ihrem dunkelblauen Singer durchs ländliche Sussex, blickte zufrieden zurück auf die schönen, erfüllten Sommerwochen und fühlte, dass ihr Leben in der gegenwärtigen Mischung von Stabilität mit Leonard und schwelender Ausbruchstimmung mit Vita ein geistig anregendes Gleichgewicht gefunden hatte.

Virginia wusste noch nicht, dass Vita ihre neue Flamme nach Knole entführte und, wie einst mit ihr, mit Mary durch den Park schlenderte, die fürstlichen Räume durchstreifte und obendrein leidenschaftliche Liebesnächte im Zimmer ihrer Jugend verbrachte; auch nicht, dass Mary und Vita zusammen die Sonette von Shakespeare lasen und Vita selbst Sonette auf die Geliebte verfasste. Ihre neue Leidenschaft hinderte Vita nicht, auch an Virginia zu schreiben und sie so oft wie möglich zu besuchen. Sie spürte in Virginia jedoch eine gewisse Zurückhaltung und Melancholie und drängte sie immer wieder, sie darüber aufzuklären. Aber Virginia ließ sich nicht drängen. Ihre Gedanken kreisten in diesen Tagen wohl um Vita, aber nicht um die wirkliche Vita, die unsicher fragte, ob sie sie mochte und ob sie sie vermissen würde, wenn sie verschwände, sondern um die Geliebte im Fantasiereich, wo sie ihre Liebe am tiefsten und wahrhaftigsten empfand.

Mitten in diesem Herbst, den Virginia als den glücklichsten ihres Lebens bezeichnete, kam ihr eines Nachts der Einfall, alle ihre engeren Freunde wie in einem großen Historienbild in einem einzigen Text vereint zu porträtieren. Sie zählt fünf Freunde sowie den Bruder Adrian namentlich auf, doch über Vita, die ebenfalls darin vorkommen sollte, schreibt sie: »Vita sollte Orlando sein.«

Der Name ›Orlando‹ für Vita stand somit von Anfang an fest. Virginia hielt daran fest, noch bevor sie eine Ahnung hatte, wohin das neue schriftstellerische Experiment sie führen würde. Mit dieser Namenswahl – Shakespeares Lustspiel *Wie es Euch gefällt* entnommen – stach Virginia jedoch schon unbewusst mitten ins Thema des Verkleidens, des Geschlechtertausches und der Identität, das sie seit ihrer Bekanntschaft mit Vita beschäftigte. So wie Rosalind in Shakespeares Stück in Männerkleider schlüpft, um als Ganymed den Liebenden Orlando auf die Probe zu stellen, und dabei so überzeugend männlich wirkt, dass die junge Schäferin Phoebe sich in ihn verliebt, verhielt es sich nämlich, vor Virginias Zeit, mit Vita und ihrer Geliebten Violet Trefusis. Auf dem Höhepunkt ihrer Affäre mit Violet in Monte Carlo hatte es Vita genossen, als Julian in Männerkleidern auf die Straße zu gehen; nicht nur war ihre Verkleidung so vollkommen gewesen, dass sich die Mädchen nach ihr umdrehten, sondern sie selbst hatte sich im tiefsten Innern in Julian verwandelt und frei gefühlt, fortan beide Seiten ihres Wesens ausleben zu können.

Für Virginia, die Vitas und Violets Liebesgeschichte in Umrissen kannte, stellte sich vorerst die Frage, wie sie an ihr großes Historienbild herangehen sollte, in dem Vita/Orlando den Mittelpunkt, aber nicht unbedingt die Hauptfigur bilden sollte. Der Text schwebte ihr als eine Art Mosaik vor, eine Idee, die sie mit großer Wahrscheinlichkeit aus ihrer Lektüre von Harold Nicolsons eben erschienenem Buch *Some People* gewann. Sie besprach das Buch in der *New York Herald Tribune* genau zu dieser Zeit und lobte darin insbesondere, dass der Autor die porträtierten Personen und sich selbst zugleich als wirklich und als erfunden darstellte. Moderne Biografien sollten nicht als eine bloße Anhäufung von Fakten und in einem Ton salbungsvoller Ehrerbietung daherkommen, reflektierte sie, sondern mit einer Prise Fiktion aufgemischt werden, denn erst diese bringe den tieferen Charakter des porträtierten Menschen zutage. Tatsächlich spielt Harold in *Some People* augenzwinkernd mit den Kombinationsmöglichkeiten zwischen Wahrheit und Fiktion, indem er wirkliche Menschen in erfundene Situationen versetzt und umgekehrt erfundene Menschen in einen wirklichen Kontext bettet.

Am 5. Oktober kam Virginia mit ihrem Konzept einen Schritt weiter. Die Biografie würde die wirkliche Vita als Vorlage beibehalten, aber die Figur Orlando eine fiktive Lebensspanne von vierhundert Jahren durchlaufen lassen und einer Geschlechtsumwandlung unterziehen, die, obzwar reinste Fiktion, Vitas Bisexualität überzeugender darstellen würde als irgendwelche Andeutungen oder Erklärungen. Drei Tage später tauchte sie beherzt die Feder ins Tintenfass und schrieb die Wörter *Orlando: Eine Biografie* auf ein leeres Blatt. »Kaum hatte ich dies getan, wurde mein Körper mit einem Begeisterungstaumel und mein Gehirn mit Ideen überflutet«, erzählte sie Vita und fragte, ihrer Antwort wohl schon sicher, ob Vita etwas dagegen habe, dass sie in ihrer Biografie ein paar äußerst seltsame und unvereinbare Züge an ihr entwirren und verdrehen wolle. Sie habe außerdem über Nacht erkannt, wie sie das Genre der Biografie umkrempeln könnte, weshalb sie diese Idee gern einmal einfach in die Luft werfen würde, um zu schauen, was dabei herauskomme.

Vita war sofort Feuer und Flamme und ahnte – die Zukunft sollte ihr recht geben – dass diese literarische Hommage sie mehr als alle ihre eigenen Werke, mehr als alle von ihr verursachten gesellschaftlichen Skandale im Gedächtnis der Nachwelt erhalten würde: »Welch Spaß für Dich; welch Spaß für mich … Du hast meine völlige Einwilligung. Nur denke ich, dass Du es (das Buch) Deinem Opfer widmen solltest, nachdem Du mich gezerrt und geviertelt, abgewickelt und neu geflochten hast.«

Der Spaß blieb mehrheitlich auf Virginias Seite. Im Unterschied zu Vita, die Violet bei der Verfassung ihres Romans *Die Herausforderung* involviert hatte, betrachtete Virginia *Orlando* als ihren Text allein und Vita als das Objekt, das kein Sagen hat über das Schicksal, das ihm die Autorin bestimmt. Ohnehin trat das wirkliche Leben für Virginia während dieser Wochen immer stärker in den Hintergrund; sie gab sich ganz dem Vergnügen ihrer ›Farce‹ hin und genoss das fieberhafte Tempo der Niederschrift, für die sie mehr oder weniger alles liegen ließ. Diese außerordentliche kreative Euphorie entpuppte sich als ein Segen, denn das wirkliche Leben hielt für Virginia eine ernüchternde Nachricht bereit, die Vita aus

Furcht vor ihrer Reaktion und vielleicht auch aus schlechtem Gewissen bis dahin verschwiegen hatte. Als Vita nach langem Zögern schließlich mit der Wahrheit über Mary Campbell herausrückte, versuchte Virginia mit resigniertem Gleichmut zu reagieren. Mary war jung, schön und ungestüm: genau das, was Vita in einer Geliebten suchte. Früher oder später musste sich Vita von einer älteren und zuerst noch sexuell unerfahrenen Freundin wie ihr abwenden; überrascht war Virginia also nicht. Sie versuchte sich auch einzureden, dass sie gar keine Zeit hatte, gekränkt zu sein, steckte sie doch mitten in *Orlando*, einem Text, der ihre ganze Energie aufsaugte und sie beglückte. So vermochte Virginia anfangs Vitas Untreue einigermaßen gelassen hinzunehmen und eines Abends, als Vita sie in London besuchte, die Dinge sogar in einer Weise zu drehen, dass am Schluss nicht sie, sondern Vita als die Unglückliche dastand. Offenherzig wie Vita nun einmal war, beging sie die Taktlosigkeit, Virginia in die neuesten Tumulte ihrer Liebessaga mit Mary einzuweihen und zu erklären, wie heillos verworren die ganze Sache sei, nun da sich noch eine weitere Frau eingemischt habe. Hatte Vita erwartet, dass Virginia stumm zuhören oder gar mit Ratschlägen aufwarten würde, sah sie sich getäuscht. Virginia erklärte mit verletzender Deutlichkeit, dass ihre Geschichten über Frauen wie Mary Campbell und Vitas neue Gespielin Valery Taylor sie schlicht und einfach langweilten, worauf Vita wie ein kleines Kind vor sich hinzuweinen begann. Virginias unerwartete Kälte interpretierte sie als ein Zeichen, dass die Geliebte ihrer überdrüssig geworden war.

Vitas Untreue ließ Virginia natürlich nicht gleichgültig. Wegen ihrer momentanen Versenkung in den neuen Roman betrachtete Virginia diese aber vorerst vom literarischen Standpunkt aus und fand, dass sie vollkommen zum Bild passte, das sie in *Orlando* von Vita zeichnen wollte. Die Untreue belege Vitas ›Fleischeslust‹, und ›den Reiz ihres Geistes‹, versuchte sie Vita zu erklären, konnte sich jedoch bei der Erwähnung des Herzens einen kleinen Seitenhieb nicht verkneifen. Vita habe gar keines, schrieb sie, und der Beweis dafür seien ihre Spaziergänge mit Mary Campbell auf den Feldwegen von Kent.

Das war scheinbar leichtherzig gesagt, doch letztlich zwang Vitas Affäre mit Mary sie, ihre eigene Liebe für Vita zu überdenken. Wo genau war ihr Platz in Vitas verworrenem Beziehungsnetz, welche Gefühle konnten darin noch ausgelebt werden? Liebte Vita sie überhaupt noch?

Vita beantwortete diese Frage mit einem deutlichen Ja und spielte im Gegensatz zu Virginia in dieser schwierigen Phase ihrer Beziehung mit offenen Karten. Sie, die sonst das Leben immer von der Sonnenseite gesehen hatte, fühlte sich mit einem Mal niedergeschlagen und meinte zu erkennen, dass sie ihr Leben verpfuscht habe. Der Gedanke, ihre Ratlosigkeit zu verbergen, streifte sie nicht. Für sie war Virginia die wahre Geliebte, die Einzige, der sie ihr Herz ausschütten konnte, ohne fürchten zu müssen, verurteilt zu werden. »Was soll ich tun, Virginia?

Willensstärker sein, nehme ich an ... Liebling, vergib mir meine Fehler. Ich hasse sie selbst an mir, und ich weiß, dass du recht hast. Aber es sind alberne Oberflächlichkeiten. Meine Liebe für Dich ist absolut wahr, lebendig, und unveränderlich ... «

Virginia fand es nicht so leicht, sich zu öffnen und ihre neue Rolle in Vitas komplexem Liebesleben zu besprechen. Zwar konnte sie wie nebenbei ihre Eifersucht erwähnen, betonte aber gern, dass diese nicht der Rede wert sei, um dann gleich auf das andere, unverfänglichere Thema von *Orlando* umzuschwenken. Ihre Prioritäten waren klar gesetzt und in keinem Moment verlor sie diese aus den Augen. Trotz Vitas Untreue musste die Arbeit an *Orlando* voranschreiten, Szenen und Figuren rund um Vita ausgedacht und Vita selbst intensiver denn je ›erfunden werden‹. Insofern empfand Virginia die Rivalin Mary Campbell eher als ein vorübergehendes Ärgernis oder eine kleine Demütigung, die sie spaßeshalber als Erpressungsmittel einsetzen konnte; falls Vita sich Campbell verschrieb, wollte Virginia die ganze Welt davon in *Orlando* in Kenntnis setzen und selbst nichts mehr mit ihr zu tun haben.

Aber Mary Campbell gehörte der wirklichen Gegenwart an, und mit dieser setzte sich Virginia zu der Zeit viel weniger auseinander als mit einer imaginären Vergangenheit, aus der, verklärt und längst keine Gefahr mehr, die andere Geliebte Vitas immer lebendiger heraustrat: Violet Trefusis, der sie von Anfang an eine Schlüsselrolle in *Orlando* zugedacht hatte.

Violet Trefusis, alias Prinzessin Sascha

Violet

Vita hatte Virginia schon zu Beginn ihrer Beziehung von Violet erzählt und in groben Zügen geschildert, welch verheerende Rolle diese in ihrem Leben und ihrer Ehe mit Harold gespielt hatte. Als Virginia im Hinblick auf *Orlando* Vitas Roman *Die Herausforderung* las, bemerkte sie dazu, Violet sei in der fiktiven Gestalt von Eve in der Tat »begehrenswert, ich bin einverstanden: sehr.«

Vita hatte mit dem biblischen Namen Eve die unwiderstehliche Verführungskraft ihrer Geliebten betonen wollen. Virginia machte aus Violet eine russische Prinzessin und taufte sie Maruscha Stanislowska Dagmar Natascha Ileana Romanowitsch, kurz Sascha. Die russische Komponente kommt nicht von ungefähr. In ihrem Briefaustausch gaben sich Vita und Violet russische Namen; Vita wählte für sich den Kosenamen für Dmitri aus Borodins Oper *Fürst Igor*, Mytia, und Violet unterzeichnete mit Lushka, einer pseudorussischen Form für das englische Wort *lush*, das von ›satt‹ bis ›üppig‹ eine ganze Reihe sinnlicher Assoziationen weckt. Russland ist aber auch das Land von Eis, Schnee und Frost, das Vita in ihren Reisebriefen für Virginia so lebhaft beschrieben hatte. Vitas Schilderungen von der vereisten Steppe und von Moskau unter einer schweren Schneedecke regten Virginia zu den eindrücklichen Beschreibungen des ›Großen Frostes‹ von London im Winter 1608/09 an, in dem die Themse zwei Monate lang zugefroren war und die Stadt der tödlichen Erstarrung mit bunten Jahrmärkten auf dem Eis getrotzt hatte. In diesem fernen Winter siedelt Virginia die erste Begegnung von Orlando mit Sascha an. Sascha ist die Winterfee des Romans, ein begehrliches Traumgebilde wie Eve in Vitas Roman, und es ist bezeichnend, dass Orlando anfangs ihr Geschlecht nicht erkennen kann: »Die Person, welchen Namens oder Geschlechts sie auch sein mochte, war von mittlerer Größe, sehr schmal und von Kopf bis Fuß in austernfarbenen Samt gekleidet, mit einem unvertrauten grünlichen Pelzbesatz versehen ... Als der Knabe – denn ach, ein Knabe musste es sein, da keine Frau so schnell und kraftvoll Schlittschuh laufen konnte – wie auf Zehenspitzen an ihm vorbeiflitzte, hätte Orlando sich am liebsten vor Verdruss die Haare gerauft, dass es eine Person seines Geschlechts war, sodass keinerlei Umarmungen infrage kamen.«

Als die Themse aufzutauen beginnt, flieht Sascha auf dem Schiff der Moskowiter Gesandtschaft aus England und lässt einen vor Kummer rasend gewordenen Orlando zurück. Jahre später, als Violet *Orlando* las, erkannte sie sich auf den ersten Blick in Sascha und fühlte sich geehrt, dass Virginia aus ihr eine derart rätselhafte und fantasievolle Figur geschaffen hatte. Diese Tatsache vermochte aber ihren Ärger nicht zu dämpfen, dass Sascha als die Treulose dargestellt wird, wo sie, Violet, doch die Verlassene gewesen war.

Sieben Jahre nach *Orlando* sollte sich Violet in ihrem köstlichen Roman *Broderie Anglaise* mit einem wenig schmeichelhaften Porträt von Virginia als Alexa Harrowby Quince rächen. Es ist allerdings nicht belegt, ob Vita und Virginia diese auf französisch verfasste und im großen Pariser Verlag *Plon* erschienene Dreiecksgeschichte zwischen dem wenig attraktiven Blaustrumpf Alexa, Lord Shorne (Vita) und Anna (Violet) gelesen haben, aber als Virginia und Violet sich einmal in einem anderen Zusammenhang begegneten, unterlag Virginia dem verführerischen Zauber von Vitas Ex-Geliebter und verglich sie liebevoll mit einem Eichhörnchen.

Violet Trefusis kennt man heute fast nur noch als die Geliebte von Vita Sackville-West und als Vorbild für Orlandos russische Fürstin Sascha. Dass Violet in Paris einen gut besuchten Salon unterhielt, selbst ziemlich erfolgreiche Bücher schrieb und für ihren Beitrag zur französischen Kultur sogar mit dem französischen Verdienstorden, der ›Légion d'Honneur‹, ausgezeichnet wurde, ist leider etwas in Vergessenheit geraten. Obgleich Violet als Literatin inzwischen in den Hintergrund getreten ist, wirft die Lektüre ihrer umfassenden Korrespondenz mit Vita gerade im Zusammenhang mit der Entstehungsgeschichte von *Orlando* jedoch eine höchst interessante Frage auf, der Woolf-Forscher, namentlich Tiziana Masucci, erst seit Kurzem nachzugehen beginnen.

Hinsichtlich Virginias Recherchearbeit über intimere Aspekte von Vitas Leben liegt es nahe, dass Vita ihr eine Auswahl von Violets Briefen unterbreitete, und Virginias Blick könnte sehr wohl auf jenen vom 9. August 1919 gefallen sein, in dem Violet ihrer Geliebten das Konzept eines Romans über sie skizziert. Violet schwebte vor, Vita darin über Jahrhunderte leben zu lassen und sie in der Gestalt von Julian bald als Gladiator in der Römerzeit, bald als Ritter im Mittelalter zu verherrlichen. Gegen Ende des Romans sollte Julian/Vita während des Ersten Weltkriegs gar Berlin bombardieren, ein U-Boot kapern und zuletzt, im gegenwärtigen 1919, über den Atlantik fliegen.

Soweit bekannt ist, setzte Violet ihr Konzept literarisch nicht um, denn es ist bis heute kein Text über einen zweitausend Jahre lang lebenden Julian aus ihrer Feder zum Vorschein gekommen. Aber die Tatsache bleibt, dass Violet neun Jahre vor *Orlando* ihrer geliebten Vita ein literarisches Denkmal errichten wollte, in dem diese, jeglicher Logik zum Trotz, alle Epochen der westlichen Kulturgeschichte durchmachen sollte. Die Ähnlichkeit des Konzeptes mit *Orlando* mag Zufall sein – oder auch nicht. Denn es gibt überdies eine weitere verblüffende Übereinstimmung zwischen Violets literarischem Schaffen und *Orlando*. 1920 schrieb Violet für Vita die Geschichte *Battledore and Shuttlecock*, in der eine wunderschöne, französisch sprechende Frau namens Sacha ihren Liebhaber ohne ein Wort der Erklärung verlässt und dieser über den Verlust seines ›Fuchses‹ untröstlich ist. Auch Orlandos Sascha spricht französisch, und obwohl sie eigentlich Maruscha heißt, nennt er sie Sascha in Erinnerung an den russischen Weißfuchs dieses Namens, den er als

Kind besaß. Violet schickte Vita ihre Geschichte in der Absicht, sie zurückzugewinnen. Es scheint, dass Vita die einzige Empfängerin dieses Textes war, doch die Wahrscheinlichkeit, dass Virginia Einsicht darin hatte, ist zumindest nicht von der Hand zu weisen.

»*Ich bin in Orlando verliebt*«

Die Beschäftigung mit *Orlando* erweiterte Vitas und Virginias Spiel mit fiktiven Identitäten. Oft unterzeichnete Vita ihre Briefe nun mit ›Orlando‹, auch jene an Mary Campbell, und Virginia kostete es bisweilen Mühe, die fiktive Figur und die wirkliche Vita auseinanderzuhalten.

Vita war Harold Ende Februar 1927 widerwillig nach Berlin nachgereist und hatte erst noch den Tod ihres Vaters und damit den endgültigen Verlust von Knole zu verkraften, das an ihren Vetter vererbt worden war. Sie hasste Berlin, aber noch verhasster war ihr die Rolle der Diplomatengattin, die sie dort spielen musste. Langweilige Dinnerpartys konnten aber auch interessante Bekanntschaften fördern; während Harold in eine nette unverbindliche Liebschaft mit einem jungen Amerikaner verwickelt war, vertiefte Vita ihre Bekanntschaft mit einer amerikanischen Literaturagentin und stand, ehe sie es sich versah, mitten in einem neuen Kuddelmuddel. Margaret Voigt fing Feuer und war dann am Boden zerstört, als Vita Ende März nach England zurückkehrte und dort ihre Beziehung mit Mary Campbell wieder aufnahm.

Inzwischen hatte Virginia die Erstfassung von *Orlando* beendet und fand sie ›unkohärent, unausstehlich, unmöglich‹. Als Schriftstellerin sah sie

Wochen mühseliger Umarbeitung voraus, die ihr von früheren Romanen vertraut waren. Als Vitas Geliebte fühlte sie sich jedoch plötzlich von einer unerwarteten Frage überwältigt: »… werden sich meine Gefühle für Dich verändert haben?«, schreibt sie an Vita. »Ich habe all diese Monate in Dir gelebt – wenn ich herauskomme, wer bist Du wirklich? Existierst Du? Habe ich Dich erfunden?«

Vita hatte diese Entwicklung vorausgesehen, war aber nach eigenen Worten ›absolut bestürzt‹ über Virginias Zweifel und drohte, zum Spaß, sich nie wieder blicken zu lassen, falls Virginia sie eine Spur weniger liebe als Orlando. Sie wollte auf keinen Fall nur in Virginias Fantasiewelt existieren: »Schreib also schnell und sag, dass ich immer noch wirklich bin. Ich fühle mich gerade schrecklich wirklich – wie Herzmuscheln und Miesmuscheln, alle lebendig – oh … Dein verehrender und vollkommen solider Orlando.«

Andere Male war Orlando aber nicht solide, sondern ein ›armer Orlando‹, der fürchtete, Potto – Virginias neuer Kosename, eine Personifizierung als Hund – könnte sie vergessen haben.

Virginias Gefühle blieben unverändert, aber sie schrieb kürzere, sachlichere Briefe und hatte ganz offensichtlich mit ihrer Eifersucht zu kämpfen, zumal Vita sie mit ihren zahlreichen Liebschaften nicht mehr schonte. Die amerikanische Literaturagentin stürmte im Juni aus Berlin nach England direkt in Vitas Arme und forderte, genau wie es Mary Campbell tat, dass Vita in ihrer sexuellen Beziehung nicht nur die Geliebte, sondern auch die beschützende, umsorgende

Mutter spielen sollte. Vita spürte selbst, dass diese parallelen Affären zu sehr an ihren Kräften zehrten, und ohnehin ging ihr Margaret schon nach wenigen Tagen auf die Nerven. Aber sie brachte es nicht über sich, Klartext zu reden, und flüchtete stattdessen zu ›Liebling, Liebling, kostbare Virginia‹.

Virginia war immer für sie da. Sie ging mit ihr in den Zoo, um sie nach dem erschütternden Erbschaftsstreit mit der dementen Mutter aufzuheitern, begleitete sie für ihre erste Live-Übertragung ins Studio der BBC und ermunterte sie, nach Jahren wieder einen Roman zu schreiben. Daneben aber sah sie ihre Rolle auch darin, Vita zur Einsicht zu bringen, dass es für sie bei all diesen erotischen Verzettelungen schwierig werden könnte, zur wahren Liebe und konzentrierten Arbeit zurückzufinden. Vita hörte reumütig zu, aber was konnte sie tun, wenn so viele Frauen ihre Liebe brauchten, und Harold nicht an ihrer Seite war, um ihr Halt zu geben?

Fast schien es in diesem Sommer, als sollten Vita und Virginia die Rollen tauschen. Virginia fühlte sich nach *Orlando* als Schriftstellerin gestärkt und mit ihren sechsundvierzig Jahren mehr denn je im Begriff, ›zur Wahrheit zu gelangen.‹ Sie erkannte eine Linie in ihrem bisherigen Schreiben, die es weiterzuentwickeln galt, und lud Vita ein, ihrerseits zu schreiben, damit sie einander in der ›unwirklichen Welt‹ begegnen konnten, »wo Virginia lebt – und die arme Frau nirgends anders mehr leben kann.«

Vita hatte indessen eine andere, wirklichere Welt im Kopf, wo sie ihre Verbundenheit mit Virginia wieder auffrischen wollte, nämlich das Burgund. Sieben Tage allein mit Virginia in Frankreich! War es nicht an der Zeit, sich den alten Traum von dem gemeinsamen Urlaub zu erfüllen, bevor es zu spät war? Vita hatte ihn nicht vergessen, diesen Traum, und machte nun geltend, dass das Erscheinungsdatum von *Orlando* heranrückte und dieses, wie sie ja beide befürchteten, das Ende ihrer Liebe einläuten konnte. Vita hatte keine Zeile von *Orlando* gelesen und wusste somit nicht, was Virginia aus ihr und Violet gemacht hatte. Die Wahrscheinlichkeit, enttäuscht oder entsetzt zu sein, bestand. Und Virginia ihrerseits fürchtete, dass der Roman, »zu lang für eine Posse & zu frivol für ein seriöses Buch,« seine Bestimmung als Liebeszeugnis verfehlt haben könnte.

Auf ins Burgund also, bevor ihre Liebe an *Orlando* zerbrach. Am 24. September 1928 bestiegen Vita und Virginia das Schiff in Newhaven und reisten von Dieppe nach Saulieu und von dort weiter nach Avallon, Auxerre und Vézelay. Virginia hatte dieser Reise mit Aufregung, aber auch Bangen entgegengesehen. Sie fürchtete, Vita könnte sie ›entlarven‹ und umgekehrt. Außer einer dramatischen Sturmnacht in Vézelay, in der Vita in Virginias Bett schlich und sie über Wissenschaft, Religion und die Angst vor dem Tod diskutierten, während es draußen blitzte und donnerte, verlief der Urlaub jedoch in ruhiger, freundschaftlicher Eintracht. Die üblichen Sehenswürdigkeiten wurden abgeklopft, dazwischen tranken die beiden Frauen heiße Schokolade in Tearooms, schrieben Briefe an ihre Ehemänner, lagen stumm auf Wiesen und lauschten auf die ringsum zirpenden Grillen oder schlenderten über Jahrmärkte und durch Antiquitätenläden. Vitas Briefe an Harold und ihre Tagebucheintragungen geben den Eindruck, dass ihre Liebe in diesen sieben Tagen zwar nicht an Tiefe einbüßte, aber doch sehr viel besonnener wurde. Mit ihrer Kombination aus brillantem Hirn und zerbrechlichem Körper appellierte Virginia eher an Vitas Beschützerinstinkte, und so konnte sie Harold in Berlin beruhigen, dass Virginia in ihr bloß zarteste mütterliche Gefühle weckte.

Auch Virginia war beruhigt, nach dieser Reise feststellen zu dürfen, dass Vita und sie einander nicht entlarvt hatten und sie sich aufrichtig freuen konnte, Leonard wiederzusehen. Ihre Welt war im Lot und ihr Ziel unverändert, nach einer schönen Auszeit wieder zurück zur vollen Konzentration zu finden.

Eine Woche nach ihrer Rückkehr, am 9. Oktober 1928, glaubte Vita ihren letzten freundlichen Brief an Virginia schreiben zu können. Ein gedrucktes Exemplar von *Orlando* war unterwegs, es erreichte sie einen Tag vor dem offiziellen Erscheinungsdatum, und zwei Monate später überreichte Virginia ihr das Manuskript persönlich als Geschenk. Das in braunes Kalbsleder gebundene Werk trägt die Widmung ›Für Vita von Virginia 6. Dezember 1928‹ und wurde in Vitas Todesjahr 1962 an den National Trust vermacht. Seither wird es als kostbares Exponat in Knole aufbewahrt.

Wie bei jedem neuen Werk überkamen Virginia rund um die Tage der Veröffentlichung jeweils Zweifel und Ängste, vor der Öffentlichkeit zu versagen. Mit *Orlando* verhielt es sich nicht anders, sie befürchtete niedrige Verkaufszahlen, Hohn der Leser und diesmal vor allem den Verlust von Vitas Liebe. Diese Angst war so groß, dass sie sich zunächst nicht traute, Vitas ersten Brief nach der Zusendung des Buches zu öffnen. Ihre eigene und auch Vitas Sorge war jedoch umsonst gewesen. Betroffenheit war die erste überwältigende Reaktion, die Vita sich in ihrem Dankesbrief spontan vom Herzen schrieb. Sie fühlte sich nicht nur geehrt, sondern geradezu demütig und unwürdig, ein literarisches Genie wie Virginia so intensiv beschäftigt zu haben: »Ich fühle mich wie eine jener Wachsfiguren in einem Schaufenster, der man ein juwelenbesticktes Kleid umgehangen hat. Es ist, als wäre ich allein in einem dunklen Raum mit einer Schatztruhe voll Rubinen und Goldklumpen und Brokate. Liebling, ich weiß nicht und mag es kaum schreiben, so überwältigt bin ich, dass du ein derart prächtiges Kleid an einen derart ärmlichen Haken hängen konntest.« Und Vita wäre nicht Vita gewesen, wenn sie nach der Lektüre dieses einmaligen literarischen Spiegelbildes nicht auch Stolz empfunden und ihr Selbstwertgefühl bestätigt gefunden hätte: »So habe ich eine neue Form des Narzissmus erfunden, – ich gebe zu, – ich bin in Orlando verliebt – das ist eine Komplikation, die ich nicht vorausgesehen hatte.«

Beide Frauen waren sich bewusst, dass dieser Roman von den Lesern als Denkmal ihrer Liebesbeziehung verstanden werden würde. Er kürte

Virginia über Nacht zur literarischen Größe, und für Vita bedeutete er auf persönlicher Ebene, dass sie fortan von der Gesellschaft mit Orlando identifiziert wurde. Nicht selten wurde sie sogar auf Partys mit ›Orlando‹ angesprochen. So schien sich das Spiel der Identitäten nach außen weiterzuentwickeln, und während Virginias Sorge stets mehr um den literarischen Wert ihres Liebeszeugnisses kreiste, sonnte sich Vita in ihrer Spiegelung, sah sich als lesbische Frau in den Augen der Öffentlichkeit bewundert und zum Mythos hochstilisiert.

Das Denkmal *Orlando* läutete aber auch das langsame Ausklingen ihrer Liebe ein, die sich immer mehr in eine ruhige Freundschaft verwandelte, in der sich beide nach einer langen Verzauberung wieder auf ihre eigene Wesenheit zurückbesannen. Virginia beschäftigte die Frage, wie es für sie nach *Orlando* weitergehen sollte. Wichtiger als alle Beziehungen und wichtiger als der Erfolg, von dem sie mit großer Genugtuung in ihrem Tagebuch berichtet, war der schriftstellerische Weg, den zu gehen sie als ihre oberste Pflicht betrachtete. *Orlando* hatte sie gelehrt, in ›direkten Sätzen‹ Kontinuität und Erzählung zu schaffen. Aber »Nie stieg ich in meine Tiefen hinunter und brachte Formen zur Übereinstimmung, wie ich es in *Zum Leuchtturm* tat.« Sollte sie leichte Prosa zum Vergnügen schreiben, Sätze, die laut einem Kritiker so geläufig und flüssig daherkommen, dass sie wie Wasser durch den Kopf fließen? Oder eher ein mystisches Prosapoem, mit dem sie ihre Bloomsbury-Freunde beeindrucken konnte, aber das

»Wer bist Du wirklich? Existierst Du?
Habe ich Dich erfunden?«
Virginia an Vita, 1927

wiederum in den Augen eines breiteren Publikums affektiert wirken könnte? Ja, sollte sie überhaupt mit Blick auf ihr Publikum schreiben?

Alle diese Fragen nahmen Virginias ganze Aufmerksamkeit in Anspruch, und für Vita blieb vorerst nur gerade Zeit und Energie, sie in ihrem Schreiben zu unterstützen. Bezeichnenderweise hatte Vita seit ihrer Liebschaft mit Virginia die Prosa vernachlässigt, doch nun brauchte sie Virginia – »ihren in Goldbrocken verfangenen Anker am Meeresgrund« –, um die schlummernde Muse wieder ins Leben zu rufen. Wohin auch immer Vita schaute, prangte ihr *Orlando* aus den Schaufenstern der Buchläden entgegen; sie war wohl Orlando der Edelmann, aber leider nicht, wie im Buch, Orlando der Dichter, der mit seinem Poem *Die Eiche* ewigen Ruhm erlangt, denn wie schlecht – »verdammt schlecht« – kam ihr plötzlich, trotz des *Hawthornden*-Preises, ihr Versepos *The Land* vor. Sogar die *New York Herald Tribune*, erfuhr sie, urteilte, es sei das fadeste je in diesem Genre geschriebene Gedicht.

Vita hätte sich um das Wohl ihrer Muse jedoch keine Sorgen zu machen brauchen. In den nächsten Jahren veröffentlichte sie nicht nur ihre erfolgreichsten Romane in der *Hogarth Press*, sondern auch eine Übersetzung von Rilkes *Duineser Elegien*, verschiedene Gedichtbände und Short Stories. Dabei kümmerten sie die künstlerischen Fragen wenig, die bei Virginia stets im Vordergrund standen. Sie hatte sich damit abgefunden, dass Schreiben nie ihre einzige ›raison d'être‹ sein würde, dazu liebte sie das

Leben und die Frauen, Harold und die Kinder sowie, seit ein paar Jahren, ihre Hunde und den Garten zu sehr. Zu dumm nur, dass Harold noch immer im diplomatischen Dienst arbeitete und dies auch noch in Berlin, diesem »bloody place«, wohin sie Ende des Jahres wohl oder übel reiste, um mit Harold und den Söhnen Weihnachten zu feiern. Zwei Monate wollte sie bleiben, nicht länger, und hoffen, dass Harold dem schrecklichen diplomatischen Dienst endlich den Rücken kehren und etwas Nobleres anfangen würde.

Ihr einziger Lichtblick sei Virginias baldiger Besuch, schrieb sie ihr aus der verhassten Stadt, aber was sie nicht erwähnte, waren die Dutzende von Liebesbriefen ihrer neuen Geliebten Hilda Matheson, die ihr Leben dort erträglich machten. Sie hatte Hilda bei der BBC kennengelernt und in ihr sogleich die Frau erkannt, mit der sie alle Seiten ihrer Persönlichkeit ausleben konnte. Eine hübsche, blonde Schottin mit feinsten Manieren und einer bemerkenswerten Oxford-Ausbildung, arbeitete Hilda seit wenigen Jahren bei der BBC und sollte in den nächsten Jahren zahlreiche Sendungen mit Vita ermöglichen, bisweilen auch mit Vita und Harold, die zusammen über aktuelle Themen und einmal sogar über das Gelingen einer modernen Ehe diskutierten. Virginia sollte nichts von Vitas neuer Flamme erfahren, und erstmals seit der Affäre mit Violet wollte Vita auch Harold schonen.

Virginia traf mit Leonard am 17. Januar 1929 in Berlin ein, gefolgt von ihrer Schwester Vanessa und deren Sohn Quentin, dem Maler Duncan Grant sowie dem Kunstkritiker Roger Fry, die in dieser Zeit zusammen gerade eine Tour durch deutsche und österreichische Kunstmuseen geplant hatten. Die ganze Bloomsbury-Gruppe blieb eine Woche in Berlin. Es kam zu Spannungen zwischen den Nicolsons und Virginias Verwandten, und zu Vitas Leidwesen war ihr nur ein einziger Abend mit Virginia vergönnt. Sie verbrachten ihn im vornehmen Restaurant des Funkturms, und dort, während die Suchscheinwerfer über die Dächer Berlins streiften, scheint Virginia ihre übliche Scheu abgelegt und zu Vitas Überraschung offenherzig über das heikle Thema ihrer sexuellen Frustration gesprochen zu haben. Wäre Hilda nicht gewesen, mit der sich Vita sexuell erfüllt fühlte, hätte dieser Moment auf dem Funkturm vielleicht ein Wiederaufleben von Vitas und Virginias erotischer Beziehung bedeuten können. Stattdessen reagierte Vita sanft abweisend und gab Virginia zu verstehen, dass sie diese Beichte eigentlich als indiskret und verstörend empfand und darauf nicht eingehen wollte.

In den folgenden Monaten, in denen Vita auf Wolke sieben schwebend sonnige Tage mit Harold in Italien verbrachte und später einen Wanderurlaub mit Hilda in den Alpen genoss, während sie gleichzeitig an ihrem Roman *Schloss Chevron* arbeitete, pflegte Virginia im kühlen England ihre alten Freundschaften und sinnierte weiter über das große in ihr schlummernde mystische Prosapoem. Sie fühlte sich unter Druck, es endlich zu beginnen, quälte sich aber mit der Frage nach dem Sinn, es zu schreiben und letztlich des Schreibens schlechthin. In ihren Briefen blieb sie Vita verbunden, und sie versuchte sogar hie und da, ein bisschen mit ihr zu flirten, um die alte intime Nähe heraufzubeschwören, doch erst als sie von einer gemeinsamen Freundin erfuhr, dass Vita ihr die Planung des Urlaubs mit Hilda in Val d'Isère verheimlicht hatte, wurde sie sich der Stärke ihrer Sehnsucht nach Vita richtig bewusst. Die Vorstellung, von Vita hintergangen worden zu sein, löste in ihr nicht nur Wut und Enttäuschung aus, sondern auch eine verzehrende Eifersucht, die, wie sie selbst einsah, wieder einmal ihren unschönen intellektuellen Snobismus zum Vorschein brachte: »Einer der Fakten ist, dass diese Hildas ein chronischer Fall sind ... Ihr (Hildas) ernstes, ehrgeiziges, kompetentes, hölzernes Gesicht erscheint vor mir. Ein komischer Zug von Vita – ihre Leidenschaft für die ernste spießige Intellektuelle, wie farblos und trist auch immer.«

»Deine Freundschaft bedeutet mir so viel.«
Vita Sackville-West vor Sissinghurst Castle

Ausklang

Virginias Eifersucht flammte in den nächsten Jahren regelmäßig auf, sowie auch ihre Liebesbedürftigkeit, die Vita auf platonischer Ebene gern erfüllte. Virginia konnte augenzwinkernd schreiben: »Potto leckt hier die Seite aus Liebe zu Dir«, worauf Vita sich für Virginias Liebe bedankte und im nächsten Satz wie nebenbei berichtigte: »Deine Freundschaft bedeutet mir so viel. Tatsächlich ist sie eine der wichtigsten Faktoren meines Lebens.«

Vita log nicht, aber ihr Leben war so reich an liebenden Menschen und Ereignissen, dass Virginia mit ihren zaghaften Ansprüchen mehr und mehr in den Hintergrund geriet. Ohnehin hatte Vita seit Anfang 1930 mit der Renovierung eines verfallenen Schlosses eine neue Aufgabe, die sie neben ihren verschiedenen Liebschaften voll in Beschlag nahm, und Virginia hatte ihrerseits in der älteren Musikerin Ethel Smyth eine glühende Verehrerin und Freundin gefunden, die ihr schmeichelte und sie von Vita ablenkte.

Die Renovierung von Sissinghurst Castle und das Anlegen eines der großartigsten und berühmtesten Gärten Englands nahm dreißig Jahre in Anspruch, eine Arbeit, in der Vita so sehr aufging, dass sie sich zunehmend vom Londoner Trubel und von gesellschaftlichen Anlässen zurückzog. Virginia beobachtete diese Verwandlung nicht ohne Befremden und dachte gar, nach einem Besuch an einem kalten windigen Junitag, dass ihre Freundschaft mit Vita zu Ende war: »Nicht mit einem Streit, nicht mit einem Knall, aber wie reife Früchte fallen.« Vita sei dick geworden, stellte sie fest, zeige keinerlei Neugierde für Bücher mehr, sondern rede nur noch über Hunde, Blumen und neue Gebäude. Die Einsicht hinterließ eine vorübergehende Leere in ihr, aber resignieren wollte sie nicht. Gab es zwischen ihnen nicht noch einen Funken dieser verrückten Liebe von damals? So ohne Weiteres konnte Liebe nicht verblassen, selbst wenn Vita sie im folgenden Jahr mit ›meine ehemalige Virginia‹ ansprach. Sie hatte recht, der Funke war da und sprühte in den letzten Monaten von Virginias Leben wenigstens in den Briefen nochmals auf. Besuche wurden seltener, oft verstrichen Wochen, bis sie sich wiedersahen, aber stets versicherten sie einander, wie schön und belebend sie ihre Treffen empfunden hatten und wie tief ihre Zuneigung doch war. Manchmal nannten sie es Liebe, manchmal Freundschaft, und als wollten sie das alte Spiel mit den Illusionen fortsetzen, ließen sie in geheimem Einverständnis die Grenzen dieser Begriffe fluktuieren.

Gegen Ende ihres Lebens konnte sich Virginia mit dem Verlust von Vitas Liebe einigermaßen versöhnen und akzeptieren, dass Vita erotische Beziehungen mit anderen Frauen ausleben musste. Ihr Platz in Vitas Herzen war gesichert, Vita bewies es ihr mit wiederholten Beteuerungen. Und als der Zweite Weltkrieg wütete und die ständigen Luftangriffe über Kent und

Sussex Virginia allmählich in den Wahnsinn trieben, zeigte Vita ihre Verbundenheit auch mit praktischer Hilfe: Regelmäßig ließ sie ihr und Leonard Nahrungsmittel von ihrer Schlossfarm sowie Benzin zukommen. Selbst psychisch angeschlagen von der scheinbar ausweglosen Kriegssituation und, wie Harold von London aus befürchtete, etwas zu viel trinkend, merkte sie jedoch nichts von Virginias Verzweiflung. Wie sollte sie auch? Im letzten Brief, den Virginia an sie schrieb, spricht diese fröhlich von Wellensittichen, Vitas neuestem Hobby, und scherzt, mit Seitenhieb auf Vitas viele Geliebte, dass diese Sittiche doch wohl Vögel der niedrigen Unterschicht seien. Und endet ohne Gruß, ohne Unterschrift mit der Frage: »Wann werden wir kommen? Gott weiß –«

Sechs Tage später, am 28. März 1941, schied Virginia freiwillig aus dem Leben. Sie hinterließ einen Abschiedsbrief an Leonard, beschwerte ihre Taschen mit Steinen und ertränkte sich im Fluss Ouse, eine halbe Meile von ihrem Wohnort entfernt. Ihre Leiche wurde erst am 18. April geborgen, doch Vita hatte die Nachricht von Virginias Tod schon Ende März von Leonard erfahren.

An Harold schrieb sie: »Ich kann es einfach nicht fassen. Dieser entzückende Verstand, dieser entzückende Geist. Und es schien ihr so gut zu gehen, als ich sie das letzte Mal sah, und noch vor zwei Wochen hatte ich einen witzigen Brief von ihr erhalten.«

Im Mai veröffentlichte die Literaturzeitschrift *Horizon* Vitas Erinnerungen an Virginia. Darin weist

Der Tower von Sissinghurst Castle, Vitas Arbeitszimmer und Refugium

sie die Leser auf den Namen Virginia Woolf hin, der in ihren Augen das Wesen der verstorbenen Freundin treffender als lange Worte zusammenfasste: Zartheit und Reinheit in ihrem Vornamen, und eine Spur von Reißzahn im Nachnamen.

Vita starb einundzwanzig Jahre später, am 2. Juni 1962, an Magenkrebs in ihrem geliebten Sissinghurst Castle.

Ausgewählte Bibliografie

Woolf, Virginia

Der gewöhnliche Leser, 1 und 2. Fischer, Frankfurt a.M., 1989 bzw. 1990

Die Fahrt hinaus. Ebenda, 1991

Die Wellen. Ebenda, 1994

Ein eigenes Zimmer. Ebenda, 2001

Jacobs Zimmer. Ebenda, 2000

Mrs. Dalloway. Ebenda, 2003

Orlando – eine Biografie. Ebenda, 1992

Zum Leuchtturm. Ebenda, 1993

Briefe, 1 und 2. Ebenda, 2006

Tagebücher, 1–4. Ebenda, 1990, 1994, 1999, 2003

Sackville-West, Vita

Die Herausforderung. Fischer, Frankfurt a.M., 1992

Eine Frau von Geist: Der geheimnisvolle Zauber des Puppenhauses von Königin Mary. Gerstenberg. Hildesheim, 2018

Eine Frau unterwegs nach Teheran. Fischer, Frankfurt a.M., 1993

Knole and the Sackvilles. William Heinemann, London, 1922

Schloss Chevron. Fischer, Frankfurt a.M., 2018

Seducers in Ecuador. The Hogarth Press, London, 1924

The Land. William Heinemann, London, 1926

Twelve Days. Hogarth Press, 1928

Love Letters. Virginia Woolf and Vita Sackville-West. With an introduction by Alison Bechdel. Vintage Classic, London, 2021

DeSalvo, Louise und Mitchell A. Leaska (Hrsg.), Geliebtes Wesen ... Briefe von Vita Sackville-West an Virginia Woolf. Fischer, Frankfurt a.M., 1995

Glendinning, Victoria, Vita Sackville-West: eine Biographie. Ebenda, 1994

Gristwood, Sarah, Vita & Virginia. National Trust Books, London, 2018

Hall, Radclyffe, Quell der Einsamkeit. Krug u. Schadenberg, Berlin, 1991

Lee, Hermione, Virginia Woolf. Fischer, Frankfurt a.M. 1999

Mackenzie, Compton, Extraordinary Women. Faber & Faber, London, 2009

Masucci, Tiziana: Broderie Anglaise or »Orlando« embroidered. American International Journal of Contemporary Research, Vol. 2, No. 8; August 2012

Nicolson, Harold, Some People. Constable, London, 1927

Nicolson, Nigel, Portrait einer Ehe: Harold Nicolson und Vita Sackville-West. Fischer, Frankfurt a.M., 1994

Nicolson, Nigel (ed.), Vita & Harold: The Letters of Vita Sackville-West & Harold Nicolson 1910–1962. Weidenfels & Nicolson, London, 1992

Willis, J.H. Jr., Leonard and Virginia Woolf as Publishers: The Hogarth Press, 1917–41. University Press of Virginia, Charlottesville and London, 1992

Alexandra Lavizzari

Truman Capote und Harper Lee

Eine Freundschaft

blue notes 60, 144 Seiten
Halbleinen, Fadenheftung
ISBN 978-3-86915-124-3

Die Freundschaft zwischen der Pulitzerpreisträgerin Nelle Harper Lee und dem Skandalautor Truman Capote ist die legendäre Geschichte zweier Nachbarskinder, die jahrelang in Lees Baumhaus gemeinsam von der großen Schriftstellerkarriere träumten. Als beide später Weltruhm erlangten, entfremdeten sie sich zunehmend und brachen schließlich miteinander. Alexandra Lavizzari begibt sich auf die spannende Suche nach den bis heute wegweisenden Spuren in der Weltliteratur, die diese intensive, aber fragile Freundschaft hinterlassen hat.

»Die Wahrheit ist immer die bessere Geschichte.«

Harper Lee

Alexandra Lavizzari

Fast eine Liebe

Carson McCullers und Annemarie Schwarzenbach

blue notes 65, 144 Seiten
Halbleinen, Fadenheftung
ISBN 978-3-86915-139-7

Carson McCullers, Shootingstar der amerikanischen Literaturszene der Vierzigerjahre, und die Schweizer Reiseschriftstellerin Annemarie Schwarzenbach waren Seelenverwandte und Schwestern im Geiste, die tragische Geschichte ihrer unerfüllten Liebe ist in die Literaturgeschichte eingegangen. Die Beziehung der beiden Frauen, die stets zwischen euphorischer Faszination und vorsichtigem Rückzug pendelte, fand jedoch gerade in ihrer Unerfülltheit einen besonderen, kreativen Reiz.

»In ihrem Buch zeichnet Alexandra Lavizzari einfühlsam die schwierige Liebesbeziehung zu Carson McCullers nach.«

Neue Zürcher Zeitung

– www.ebersbach-simon.de –

Bildnachweis

© Alexandra Lavizzari: S. 42, 138; The Houghton Library, Harvard: S. 6, 55, 129; © Interfoto/Granger, NYC: S. 66; Interfoto/Mary Evans/Illustrated London News Ltd.: S. 26; Interfoto/National Portrait Gallery: S. 15, 33, 63, 97, 134; © ullstein bild – Granger, NYC: S. 88; ullstein bild – Roger Violet: S. 116; wikimedia commons: S. 18, 76, 104.

1. Auflage 2022

Umschlaggestaltung: Lisa Neuhalfen, moretypes, Berlin
Cover: Vita Sackville-West, ca. 1910 © Archivio GBB/Alamy Stock Foto; Virginia Woolf, 1927, Houghton Library, Harvard University
Satz: Birgit Cirksena · Satzfein, Berlin
Druck und Bindung: GGP Media GmbH, Pößneck
Printed in Germany
ISBN 978-3-86915-259-2

www.ebersbach-simon.de

Gedruckt auf Papier aus nachhaltiger Forstwirtschaft
Printed in Germany